Estratégias de Marketing na Internet

Estratégias de Marketing na Internet

Eduardo Infante Vieira

São Paulo - SP
Brasil

1ª Edição

2007

PRATA
Editora

Dados Internacionais de Catalogação na Publicidade (CIP)
(Câmara Brasileira do Livro, SP, Brasil)

Vieira, Eduardo Infante
Estratégia de marketing na internet / Eduardo Infante Vieira. -- 1. ed. -- São Paulo : Prata Editora, 2007

Bibliografia.

1. Competição 2. Concorrência 3. Internet (Rede de computadores) 4. Marketing na Internet 5. Planejamento estratégico I. Título.

07-0052 CDD-658.4012

Índices para catálogo sistemático:

1. Estratégia de marketing na Internet :
Administração de empresas 658.4012
2. Internet: Estratégia de marketing :
Administração de empresas 658.4012

Prata Editora e Distribuidora Ltda.
prataeditora@hotmail.com

Impresso no Brasil / Printed in Brasil

Este livro é dedicado à minha esposa Sílvia e à nossa linda filhinha Lara, a maior alegria de nossas vidas.

Agradecimento Especial

Ao meu pai, que sempre está ao meu lado, ensinando e orientando. Somente com a sua ajuda este trabalho se tornou possível.

O autor

Eduardo Infante Vieira é Administrador de Empresas formado pela PUC-SP e publicitário pela Fundação Armando Álvares Penteado (FAAP). Pós Graduado em Gestão de Marketing Global pela Fundação Armando Álvares Penteado (FAAP).

É diretor de Marketing e conteúdo, do portal de Internet Ruralnews (ruralnews.com.br), um dos primeiros portais de agronegócios surgidos no Brasil, em funcionamento desde 1999. É também o responsável pelo e-commerce do shopping agropecuário Ruralshopping (ruralshopping.com.br), pioneiro no formato de loja virtual de departamentos, no segmento do agribusiness.

Sumário

Apresentação 19

Capítulo 1

Primórdios dos negócios na Internet 21

1.1 Promessa de um mundo novo 21

1.1.1 Revolução nos sistemas de comunicação mundial 21

1.1.2 Compras do futuro 21

1.1.3 Democratização da informação 22

1.2 A expansão da rede e os primeiros grandes negócios 22

1.3 Os vultosos negócios no mercado americano 23

1.4 Os primeiros grandes investimentos na Internet no Brasil 23

1.5 O fim da "euforia" 23

1.6 O início da estabilidade comercial e empresarial na Internet 24

Capítulo 2

Panorama atual das empresas virtuais e negócios via Internet 27

2.1 Modelos de negócios puramente virtuais: como lucrar na Internet 27

2.2 Como empresas tradicionais podem utilizar a Internet para impulsionar negócios 28

2.3 Crescimento, fusões e aquisições de empresas virtuais 29

2.4 Inclusão digital 30

Capítulo 3

Viabilidade econômica e o Business Plan 33

3.1 Conteúdo de um plano de negócios 34

3.1.1 Por que existimos? 35

3.1.2 Quem somos? 35

3.1.3 Onde estamos? 35

3.1.4 Quem fomos e de onde viemos? 35

3.1.5 Para onde vamos e quem queremos ser? 35

3.1.6 O que fazer para chegar lá? 36
3.2 Análise de mercado 36
3.3 Atividades operacionais 36

Capítulo 4
Concorrência 39
4.1 Quem são os concorrentes 39
4.2 Novos entrantes 41

Capítulo 5
Pesquisa de Marketing 43
5.1 Pesquisa de mercado 44
5.2 Pesquisa da concorrência 44
5.2.1 Análise da concorrência direta 44
5.2.2 Análise da concorrência indireta 45
5.3 Marca - valor e participação no mercado 46
5.4 Pesquisa de produto ou serviço 47
5.5 Pesquisa de preços 47
5.6 Pesquisa de comunicação 48
5.7 Pesquisa de análise de vendas 48

Capítulo 6
O Marketing para empresas virtuais 49
6.1 O plano de Marketing 49
6.2 Definição de objetivos 49
6.3 Escolha das mídias 50
6.3.1 Divulgação em mídias de massa 50
6.4 Publicidade cooperada 51
6.5 Ações promocionais 51
6.6 Programas de afiliação 52
6.7 Marketing direto 53
6.8 Marketing de relacionamento 54

Capítulo 7
Macro estratégias para o Marketing de empresas virtuais 57
7.1 Canais de comunicação com os clientes 57
7.2 Como ampliar os negócios 58
7.2.1 Ações estratégicas para empresas de e-commerce 58
7.2.2 Ações estratégicas para websites de conteúdo 59
7.3 Procedimentos operacionais 60

Capítulo 8
Desenvolvimento e manutenção de cadastros para e-mail Marketing ... 65
8.1 Criação e desenvolvimento do mailing virtual ... 65
8.2 Manutenção do cadastro de e-mails de usuários ... 67
8.3 Segmentação e qualificação do cadastro ... 67
8.4 Utilização do cadastro de e-mails pelas empresas na Internet ... 68
8.5 Tecnologia utilizada para a criação e utilização de cadastro de usuários 68

Capítulo 9
Construção de marca na Internet ... 71
9.1 Fatores que compõem uma marca ... 71
9.2 Processo de criação de uma marca na Internet ... 72
9.3 Registro de marcas e URLs ... 73
9.4 Manutenção de marca na Internet ... 73

Capítulo 10
Marketing viral ... 75
10.1 Conceito do Marketing viral ... 75
10.2 A contribuição do Youtube.com para o Marketing viral ... 76
10.3 O papel dos grupos de discussão no Marketing viral ... 77
10.4 Exemplos de campanhas de Marketing viral ... 77

Capítulo 11
Relações públicas e assessoria de imprensa on-line ... 79
11.1 Relações públicas ... 79
11.2 Assessoria de imprensa ... 81

Capítulo 12
Venda de espaço publicitário em websites ... 83
12.1 Venda por impressão ou CPM ... 85
12.2 Venda por período de tempo ... 85
12.3 Comercialização de banners "por clique" ... 85
12.4 E-mail Marketing ... 86

Capítulo 13
Empresas de e-commerce ... 89
13.1 Vantagens e desvantagens do e-commerce sobre as formas tradicionais de comércio ... 89
13.2 Estratégias mercadológicas para empresas de e-commerce ... 90
13.3 Formas eficientes para a divulgação de empresas de e-commerce ... 91

Capítulo 14

Estratégias de varejo para lojas virtuais ... 93
14.1 O processo de venda em uma loja virtual ... 94
14.1.1 Canal de venda (loja virtual) ... 95
14.1.2 Captura de pedidos ... 95
14.1.3 Processamento dos pedidos ... 95
14.1.4 Recuperação de pedidos ... 96
14.1.5 Controle de estoque e aquisição de mercadorias ... 96
14.1.6 Expedição ou despacho de mercadorias ... 96
14.1.7 Rastreamento de produtos enviados ... 96
14.1.8 Confirmação das entregas ... 97
14.1.9 Pós-venda ... 97
14.2 Composto varejista tradicional e virtual ... 98
14.2.1 Mix de produtos no varejo virtual ... 98
14.2.2 Preços - composição de preços dos produtos vendidos ... 98
14.2.3 Promoção - propaganda, ofertas e sinalização ... 99
14.2.4 Apresentação da loja - aparência e layout ... 100
14.2.5 Pessoal - qualidade de atendimento, rapidez e serviços prestados ... 100
14.2.6 Ponto - localização, acesso e visibilidade ... 101

Capítulo 15

Opções de pagamento para vendas virtuais ... 103
15.1 Boleto bancário ... 103
15.2 Cartões de crédito ... 104
15.2.1 Parcelamento de compras com cartões de crédito ... 105
15.2.2 Antecipação de recebíveis de cartões de crédito ... 106
15.3 Cartões de débito ... 106
15.4 Cartões bancários de parcelamento de compras ... 107
15.5 Depósito em conta corrente ... 108
15.6 Parcelamento com cheques ... 109
15.7 Financiamento ... 109
15.8 Preços diferenciados ou descontos em determinadas formas de pagamento ... 110

Capítulo 16

Empresas virtuais de prestação de serviços ... 111
16.1 As oportunidades para empresas de serviços na Internet ... 111
16.2 Divulgação de empresas virtuais de serviços ... 112

Capítulo 17
Empresas de leilões virtuais 115
17.1 As referências do mercado de leilões virtuais 115
17.2 Funcionamento dos leilões virtuais 116
17.3 Divulgação de produtos através de leilões virtuais 116
17.4 Os leilões virtuais como ferramenta para compras de empresas 117

Capítulo 18
Empresas de criação de conteúdo (revistas e jornais virtuais) 119
18.1 Modelo de acesso restrito 119
18.2 Modelo de receita através de publicidade 120
18.3 Como conquistar anunciantes 121

Capítulo 19
***Broadcasting* ou transmissão de programação televisiva via Internet** 123
19.1 Tipos de programação mais veiculadas na rede 123
19.2 Estrutura tecnológica para *Broadcasting* on-line 124
19.3 Vantagens e desvantagens da transmissão de programas via Internet 124
19.4 O futuro do *Broadcasting* na rede mundial de computadores 126
19.5 Fatores tecnológicos limitadores do *Broadcasting* on-line 126
19.5.1 Velocidade de transmissão de dados 126
19.5.2 Adequação dos computadores conectados à rede mundial 126

Capítulo 20
Empresas virtuais com modelo misto de geração de receita 129
20.1 Características do modelo misto de geração de receita 129
20.2 Formatos possíveis para o modelo misto de geração de receita 131
20.2.1 Como agregar o e-commerce a websites de conteúdo informativo 132
20.2.2 Modelo de geração de receita publicitária agregada à receita de serviços 133
20.2.3 Modelo de geração de receita de e-commerce agregada à receita de serviços 133
20.2.4 Modelo misto de geração de receita com base no e-commerce, publicidade e serviços 134

Capítulo 21
Websites institucionais ou extensões virtuais de empresas tradicionais 135

21.1 Lista telefônica virtual 135
21.2 E-commerce a partir do website institucional 136
21.3 Comunidade de usuários ligados a um website institucional 137
21.4 Canal para a ampliação da atuação geográfica da empresa 139
21.5 Website institucional: cartão de visita da empresa 140

Capítulo 22
Empresas que comercializam downloads 141
22.1 Download de softwares 142
22.2 Download de músicas e filmes 142
22.3 Download de imagens 143
22.4 Download de livros virtuais (e-books) 143

Capítulo 23
Cursos e aprendizado on-line (e-learning) 145
23.1 Quem já atua no segmento de ensino on-line 145
23.1.1 Cursos ministrados por entidades de ensino tradicional 146
23.1.2 Cursos ministrados por empresas prestadoras de serviços educacionais 146
23.2 Características do aprendizado on-line 146
23.3 Aplicações práticas do e-learning 147
23.4 Ferramentas tecnológicas necessárias para o ensino on-line (e-learning) 147
23.5 Como são ministrados os cursos on-line 148
23.5.1 Transmissão de aulas para pequenos grupos 148
23.5.2 Transmissão de aulas para grupos numerosos 148
23.5.3 Aulas virtuais gravadas 149
23.6 E-learning como um produto de "prateleira" 149
23.7 O Marketing do e-learning 150

Capítulo 24
Marketing de relacionamento e o serviço de atendimento ao cliente (SAC) 151
24.1 Identificação do perfil do cliente ou usuário 151
24.1.1 Pesquisa via e-mail 152
24.1.2 Enquete eletrônica 152
24.1.3 Chat 153
24.1.4 Formulário para usuários que estiverem comprando ou utilizando serviços on-line 153
24.2 Objetivos do Marketing de relacionamento 153
24.3 Ferramentas virtuais para o Marketing de relacionamento 155

24.3.1 Indique este site ou produto a um amigo 155
24.3.2 Ofertas via e-mail 156

Capítulo 25

Tecnologia - hardware, software e tecnologia da informação (T.I.) 157

25.1 Software - programação do website 157
25.2 Sistemas integrados ao software do website 158
25.3 Web Designing - layout do website 159
25.4 Servidores de hospedagem 159
25.5 Equipamentos e sistema de rede da empresa virtual 160

Capítulo 26

Direito do consumidor na Internet 163

26.1 Cliente não reconhece uma compra feita pelo cartão de crédito 163
26.2 Cliente recebe produto em má condição ou quebrado 164
26.3 Produto não corresponde à descrição na loja virtual 165
26.4 O cliente pagou por uma mercadoria e não a recebeu 165
26.5 Prazo de entrega estipulado pela loja não é cumprido 166
26.6 Violação da política comercial, de privacidade e de segurança 167
26.6.1 Política comercial 167
26.6.2 Política de privacidade e de segurança 168

Apresentação

A Internet é um marco no mundo atual, pois é uma proposta de mudança profunda nos alicerces da sociedade moderna. Sua existência influencia todos os níveis da comunidade mundial, de maneira direta ou indireta, pois se tornou uma revolução nas comunicações, encurtou distâncias e disseminou informação pelos quatro cantos do planeta, de uma forma muito mais eficiente do que qualquer outro meio de comunicação já inventado.

A principal revolução causada pela Internet, no entanto, não se relaciona ao seu poder como meio de comunicação ou de difusão de informação, mas à interatividade entre quem FAZ na Internet e quem a ACESSA. A rede mundial de computadores abriu uma janela para um mundo novo, no qual já é realidade a existência da centralização dos conhecimentos do ser humano (em escala planetária) e a democratização da informação.

Apesar de a maioria das pessoas que já estão acostumadas a navegar diariamente, seja a trabalho ou por diversão, não perceber, é impressionante o que é possível fazer quando estamos conectados. Simplesmente não há limites para o que poderá ser desenvolvido nos próximos anos na rede mundial. Os limites, como sempre, ainda estão no desenvolvimento de novas tecnologias que possam dar maior força e possibilitar novas e espetaculares alternativas para quem acessa a web.

Com toda essa dinâmica virtual, a Internet se tornou um grande local para o desenvolvimento de atividades empresariais lucrativas. As possibilidades de negócios são muito grandes, pois é um novo mercado consumidor que não conhece fronteiras. As lojas virtuais, por exemplo, não se limitam a pequenas regiões, como as lojas físicas, mas a todo o território de seus países de origem e até mesmo fazendo negócios em todas as partes do mundo.

O objetivo desta obra é dar ao leitor um panorama completo das atividades empresariais que podem ser desenvolvidas na Internet, assim como detalhar estratégias de Marketing voltadas para a maximização dos resultados de empresas virtuais e de empresas do mercado tradicional, que desejem ingressar ou ampliar seus negócios na rede.

O intuito desta obra é transmitir parte de meu conhecimento sobre os assuntos relacionados à Internet e aos aspectos do Marketing que envolvem os negócios virtuais. Com base em conhecimento acadêmico e experiência à frente de um shopping virtual e de um portal, cujos objetivos de negócios são a criação e publicação de conteúdo informativo e a prestação de serviços aos usuários, pretendo fornecer aos leitores informações valiosas para que possam aplicá-las em suas atividades profissionais que envolvam a Internet e o e-business.

O Autor

Capítulo 1

PRIMÓRDIOS DOS NEGÓCIOS NA INTERNET

No início da Internet, a rede mundial de computadores era a promessa de uma grande mudança no mundo. Sua expansão representaria a democratização da informação e um novo "encolhimento" do planeta, algo comparável (em maiores proporções) somente ao aparecimento e popularização do telefone, no século XX.

1.1 - PROMESSA DE UM MUNDO NOVO

No início dos anos 90, as possibilidades pareciam infinitas. Era uma grande novidade para todos do meio acadêmico e de tecnologia e, ainda, uma novidade distante para a maioria da população mundial. As principais possibilidades que a Internet poderia trazer para todos eram as seguintes:

1.1.1 - REVOLUÇÃO NOS SISTEMAS DE COMUNICAÇÃO MUNDIAL

A Internet tinha o potencial de revolucionar o mundo das telecomunicações, com uma nova forma de comunicação pessoal e empresarial (os e-mails): barata, eficiente e que poderia eliminar a maior parte do tráfego de cartas do mundo.

1.1.2 - COMPRAS DO FUTURO

As lojas virtuais poderiam se tornar a forma mais prática de compras à distância, fazendo com que pessoas de qualquer lugar do mundo passassem a ter acesso a produtos de todos os tipos e procedências, criando assim uma nova maneira de comprar. Era uma promessa de grandes mudanças no comércio pois, em tese, lojas de todos os portes teriam as mesmas chances de realizar negócios na rede, com grande redução de custos, e levando aos seus clientes, produtos com toda a comodidade possível.

1.1.3 - DEMOCRATIZAÇÃO DA INFORMAÇÃO

Um dos principais objetivos da Internet, desde o seu início, era o de criar uma rede globalizada de microcomputadores que compartilhassem informações de maneira automática. Desta forma, todas as pessoas que quisessem se informar sobre um determinado assunto, poderiam procurar na rede outros usuários ou empresas que disponibilizassem essas informações e ter acesso gratuito a elas.

A idéia era criar o maior banco de dados unificado da Humanidade, onde seriam centralizadas todas as informações sobre cultura, tecnologia, ciências, política e entretenimento, abrangendo todos os países. Era, em última instância, uma forma de democratizar o mundo, através do "rompimento" de barreiras geográficas e políticas.

1.2 - A EXPANSÃO DA REDE E OS PRIMEIROS GRANDES NEGÓCIOS

Tudo mudou na rede mundial de computadores, desde o início da sua fase de crescimento, em meados dos anos 90, até os dias de hoje. No início, a rede não contava com um número expressivo de internautas e a tecnologia disponível para o desenvolvimento de sites de conteúdo e e-commerce era cara e pouco eficiente.

As estratégias de Marketing eram "criadas" de maneira aleatória, empírica, baseadas em tentativas e erros dos primeiros empreendedores virtuais que acreditavam, em princípio, que para obter bons resultados era suficiente ter um bom domínio (endereço eletrônico) e se cadastrar nos sites de busca disponíveis na época.

Havia, ainda, os empresários que iniciavam um empreendimento virtual sem mesmo ter como objetivo o sucesso do negócio, mas sim a possibilidade de obter grandes montantes em dinheiro através da venda da empresa virtual ou pela entrada de sócios capitalistas e investidores, o que se tornou bastante comum até o primeiro trimestre do ano 2000.

De um modo geral, os negócios na Internet eram baseados, e ainda o são, em vendas (e-commerce), venda de espaço publicitário (banners, e-mail marketing, etc.) e prestação de serviços online.

O e-commerce, naquele momento, se baseava na premissa de um incremento vertiginoso nas vendas, tudo de acordo com pesquisas de mercado que mostravam um crescimento geométrico de internautas e, conseqüentemente, de clientes dispostos a realizar as mais diversas compras com a comodidade que só as compras virtuais poderiam oferecer.

1.3 - OS VULTOSOS NEGÓCIOS NO MERCADO AMERICANO

Naquele período, ouviam-se notícias de diversos grandes negócios fechados, em todo o mundo, especialmente nos Estados Unidos, envolvendo empresas virtuais. Os valores negociados eram gigantescos e, para a maioria das pessoas que estava fora desse grande mercado especulativo, pareciam negócios fantasiosos, sem fundamento.

Mesmo assim, casos como a venda do portal Yahoo.com e do Hotmail.com, que movimentaram centenas de milhões de dólares ou, ainda, o crescimento vertiginoso da AOL (América On Line) e os grandes investimentos feitos na Amazon.com, maior loja virtual no mercado dos Estados Unidos, mostravam ao mundo que os negócios na Internet estavam inaugurando uma "nova era" no mercado mundial.

1.4 - OS PRIMEIROS GRANDES INVESTIMENTOS NA INTERNET NO BRASIL

No Brasil, as coisas não poderiam ser diferentes, mantendo-se as devidas proporções dos negócios realizados nos Estados Unidos. Empresas virtuais criadas havia menos de um ano, com estrutura bastante pequena e com operação deficitária, eram negociadas por valores exorbitantes.

Podemos citar alguns grandes negócios que ocorreram no Brasil, como a venda do portal provedor de e-mails Zipmail.com.br, do seu concorrente Bol.com.br, da loja virtual Fera.com, empresa Americana que comprou, no Brasil, a loja Microsite.com.br ou, ainda, portais de segmentos específicos como os portais agropecuários Megaagro.com.br e Agrosite.com.br, que receberam vultosos investimentos. Além desses, um dos maiores negócios envolvendo a venda de uma empresa virtual no Brasil foi o caso do portal gaúcho ZAZ, que foi negociado com o grupo espanhol Telefônica, que o transformou no poderoso braço do portal Terra, presente em vários países.

1.5 - O FIM DA "EUFORIA"

Muitas dessas empresas virtuais, apesar dos grandes investimentos que receberam, deixaram de existir, simplesmente porque suas operações não atingiram as metas previstas, continuando a dar prejuízos aos seus investidores que, finalmente, decidiam encerrar suas operações, para não incorrer em maiores perdas. Entretanto, outras permaneceram e já atingiram uma estabilidade empresarial, além de continuarem a se preparar para um crescimento ainda maior, na velocidade do próprio crescimento da rede e de seus usuários.

Com o passar dos anos, a "euforia" da expectativa de crescimento só aumentava: as empresas virtuais apostavam cada vez mais alto em tecnologia, estrutura física, pessoal, estoques e, principalmente, em gastos publicitários. Entretanto, num dado momento no final de 1999, os especialistas de mercado começaram a duvidar dos números e das apostas que os empresários e investidores estavam fazendo. A "desconfiança" se baseava no fato de que a maioria das empresas virtuais, já conhecidas como PONTOCOM, centro da chamada Nova Economia, estavam gerando prejuízos cada vez maiores e não se confirmava o crescimento na velocidade prevista.

Desta forma, no primeiro trimestre do ano 2000, o valor de mercado das empresas virtuais despencou vertiginosamente, no que ficou conhecido como o "estouro da bolha", quando as ações das principais empresas virtuais do mundo, negociadas na Bolsa Eletrônica Nasdaq, nos Estados Unidos, perderem quase todo o seu valor, levando grandes e promissoras empresas à falência e investidores ao desespero.

Depois desse caos, os negócios movimentados por compras e vendas de empresas pontocom ficaram estagnados: nenhum investidor, em qualquer parte do mundo, se atreveria a investir nessa controvertida atividade, pelo menos por um longo período. As empresas virtuais que conseguiram sobreviver a essa atribulada fase foram obrigadas a rever seus objetivos e estratégias de negócios, passando a tratar suas atividades de maneira mais parecida com empresas tradicionais, do mercado "real".

1.6 - O INÍCIO DA ESTABILIDADE COMERCIAL E EMPRESARIAL NA INTERNET

Com o fim da primeira fase do desenvolvimento dos negócios na Internet, que se tornou o alicerce para o cenário atual do e-business, o panorama empresarial da rede mundial de computadores não seria mais o mesmo. Os mesmos erros não poderiam ser cometidos novamente, a tecnologia se desenvolveu de maneira a tornar websites e negócios virtuais mais eficientes e toda a lógica ligada à rede mundial de computadores foi repensada, conduzindo as atividades para um nível de maturidade que pode ser verificada nos dias de hoje, com empresas competitivas em um mercado que, apesar do que ocorreu no passado, é considerado bastante promissor.

No Brasil, grandes empresas que se instalaram no mercado nos tempos da "grande euforia", ainda permanecem atuando de forma bastante significativa, apesar de operarem com "os pés no chão". Podemos ressaltar, no caso do e-commerce, as lojas virtuais Submarino.com, Magazine Luiza e o braço virtual das Lojas Americanas, as Americanas.com. Estes são alguns exemplos de que o modelo de e-commerce voltado para o grande varejo é possível, viável e pode ser bastante lucrativo. Cada uma das empresas citadas encontrou uma forma bastante específica de conduzir seus negócios, sempre se baseando na necessidade do lucro e não da especulação.

Modelos de negócios que, no caso das Americanas.com e do Magazine Luiza, procuram se beneficiar da estrutura física de suas empresas, que já existia a estrutura física no mercado tradicional. Já o Submarino.com, por ser uma empresa 100% virtual, foi obrigado a ampliar sua estrutura física e criar um sistema muito eficiente de logística, para que seus clientes possam ser atendidos de maneira rápida, com preço atraente e que encontrem uma grande variedade de produtos nas prateleiras virtuais da loja.

“A Internet era uma promessa de democratização da informação, o primeiro banco de dados em escala planetária.”

Capítulo 2

PANORAMA ATUAL DAS EMPRESAS VIRTUAIS E NEGÓCIOS VIA INTERNET

Depois de um período de "rescaldo", que sucedeu à grande quebra das empresas virtuais, em 2000, todas as atividades econômicas desenvolvidas exclusiva ou parcialmente através da Internet foram repensadas e novas estratégias de sobrevivência e crescimento surgiram.

2.1 - MODELOS DE NEGÓCIOS PURAMENTE VIRTUAIS: COMO LUCRAR NA INTERNET

Em primeiro lugar, para que uma empresa exclusivamente virtual sobrevivesse, seus dirigentes deveriam tratá-la da mesma maneira que uma empresa tradicional, com os "pés no chão", seguindo a premissa de que toda empresa deve gerar lucro, no menor período possível e com a maior rentabilidade. De nada adianta criar uma empresa para que sua rentabilidade, mesmo que positiva, não seja superior à de uma aplicação financeira.

Além disso, deve ser analisada a rentabilidade em relação aos riscos de mercado, ou seja, mesmo que uma empresa seja lucrativa, se sua existência não estiver relativamente garantida, por um longo período de tempo, o investimento pode não compensar. Isto acontece, por exemplo, quando há a possibilidade de uma nova empresa, concorrente, dominar o mercado, sem dar chance de defesa para os que já estavam na mesma atividade.

Existem muitas formas de negócios puramente virtuais, eficientes e lucrativas. Esses negócios, de maneira geral, podem ser divididos em:

- Empresas de vendas (e-commerce);
- Empresas de prestação de serviços on-line;
- Empresas de criação de conteúdo (revistas e jornais virtuais).

O modelo de geração de riqueza das empresas de e-commerce se baseia na compra e venda de mercadorias. Temos, como exemplo desse tipo de modelo de negócios, todas as lojas virtuais que atuam exclusivamente na Internet. As empresas virtuais de prestação de serviços sobrevivem da renda proveniente da prestação dos mais diversos tipos de serviços, como, por exemplo, os sites de relacionamento que cobram de seus clientes taxas para realizar o serviço de match maker, ou seja, encontrar pares ideais para seus usuários. Já os websites de conteúdo, obtêm seu faturamento através da venda de espaço publicitário, como banners, e-mail marketing, bottons, etc.

2.2 - COMO EMPRESAS TRADICIONAIS PODEM UTILIZAR A INTERNET PARA IMPULSIONAR NEGÓCIOS

Além dos modelos de negócios exclusivamente virtuais, a Internet pode ser utilizada como canal de negócios para empresas tradicionais, que podem obter ótimos resultados, aumentando suas vendas e faturamento. Neste caso, os modelos mais utilizados são:

- Websites institucionais;
- Catálogos on-line;
- Websites de venda direta (a empresa atinge e vende diretamente para o seu consumidor, sem necessitar revendas ou intermediários).

Devemos salientar que a maior parte das vendas realizadas por empresas virtuais são destinadas ao público em geral, ou seja, comércio de produtos de grande aceitação pelos consumidores que navegam na Internet. Entretanto, existem muitos websites voltados para o e-commerce de produtos destinados a consumidores de nichos específicos, como lojas virtuais que comercializam materiais e produtos para medicina, agronegócio, engenharia, instrumentos musicais, etc.

As empresas de comércio eletrônico estão se proliferando, não só no formato de empresa puramente virtual, mas como um canal virtual de vendas de empresas tradicionais que desejam disponibilizar seus produtos na Internet para venda direta. Esta opção pode ser bastante vantajosa, pois permite aos fabricantes divulgar seus produtos de maneira eficiente e realizar vendas com margens maiores do que as obtidas no comércio tradicional, eliminando, nas vendas on-line, a figura do revendedor, distribuidor ou representante de vendas.

Por este motivo, as vendas realizadas pela Internet, apesar de apresentar um volume menor do que as realizadas no comércio tradicional, podem proporcionar uma margem de lucro bastante elevada. Além disso, a venda através da rede proporciona às empresas uma visibilidade, não só em todo o território brasileiro, mas também em qualquer parte do mundo. Por esta razão, a possibilidade de negócios com outros países torna-se uma realidade, criando oportunidade para exportações no atacado ou mesmo no varejo.

Nos dias de hoje, empresas de todos os segmentos e portes, estão percebendo a necessidade e as vantagens de disponibilizarem na rede um website institucional. Sua existência afigura-se vital na medida em que a Internet torna-se a principal fonte de pesquisa para empresas de todo o mundo. Não estar presente na rede mundial de computadores significa não poder ser encontrado facilmente por milhões de clientes, estar à margem de grandes negócios, perder concorrências e, ainda, comprometer a imagem da própria empresa, pois o mercado competitivo dos dias de hoje considera uma empresa "atrasada" ou "sem visão", quando esta não possui um canal de comunicação ou vendas na Internet.

2.3 - CRESCIMENTO, FUSÕES E AQUISIÇÕES DE EMPRESAS VIRTUAIS

Depois que o cenário empresarial na Internet se estabilizou, a dinâmica de negócios envolvendo empresas virtuais voltou a acontecer, mesmo que de maneira bem mais discreta do que acontecia no passado. Apesar de muitas empresas que atuavam na rede terem fechado suas portas no início do século XXI, muitas outras conseguiram superar as turbulências do mercado, se mantiveram ativas e ainda conseguiram atingir algum nível de crescimento.

Entre as empresas que conseguiram atravessar a "fase negra" dos negócios na Internet, muitas obtiveram um bom resultado, crescendo e se fixando como importantes *players* no mercado. Com bons resultados, novas possibilidades surgiram para os vencedores, tornando possível, novamente, a realização de aportes de capital por parte de investidores interessados nas atividades virtuais, além de operações de fusão entre empresas que atuam no mesmo segmento virtual.

Podemos citar algumas operações que se tornaram famosas, como a compra do website Youtube.com, realizada pelo Google, no ano de 2006. Essa foi a maior operação de aquisição de um website nos últimos anos. Esse negócio teve uma característica bastante relevante, que foi o fato de se tratar da compra de um website com pouco tempo de existência e que ainda realiza suas operações no vermelho, ou seja, foi a venda de uma empresa cujo resultado financeiro ainda é negativo, por um valor que poderia ser considerado até mesmo exorbitante. Esse tipo de operação, envolvendo um website no vermelho, adquirido por um montante milionário, não ocorria no cenário mundial havia muito tempo.

Outra operação que chamou a atenção, no Brasil, foi a fusão dos gigantes do varejo virtual Submarino e Americanas.com. A criação da nova empresa, chamada de B2W é um marco no varejo virtual brasileiro, pois cria uma empresa virtual no segmento do e-commerce que é comparável, em faturamento, número de itens comercializados e clientes, aos maiores varejistas virtuais do mundo como a Amazon.com. Apesar dos número da gigante do e-commerce Norte Americano serem bem superiores aos da nova empresa brasileira, a ordem de grandeza acaba de se tornar semelhante.

A Amazon.com, atraída pelos números do mercado virtual brasileiro, está estudando sua entrada no Brasil, o que traria um grande investimento para o nosso país. Esse investimento poderia ser feito na aquisição de alguma empresa local de e-commerce, que seria a primeira base da Amazon.com no Brasil. Dessa forma, a fusão entre Submarino e Americanas.com pode representar uma grande concorrência aos novos negócios da Amazon.com no Brasil ou, ainda, uma forma de valorizar as duas empresas brasileiras que poderiam ser vendidas para a própria Amazon.com, o que quase criaria um monopólio no varejo virtual brasileiro.

Os processos de fusão entre duas empresas virtuais têm sido operações bastante comuns nos últimos anos, pois foi a forma encontrada por muitas empresas de se manterem funcionando na Internet, aguardando um cenário mais adequado para seu crescimento. Podemos dizer que, em muitos casos, uma fusão pode salvar todo o trabalho realizado em uma empresa virtual, especialmente se os proprietários ainda têm planos de crescimento, mas falta capital para investir.

2.4 - INCLUSÃO DIGITAL

Diariamente, milhares de domínios, ou seja, websites, são registrados e colocados na rede mundial. Seus objetivos, como já vimos, podem variar bastante, mas um ponto eles possuem em comum: criam um atrativo a mais na rede, o que faz com que mais internautas passem a navegar por ela, tornando a Internet cada vez mais interessante para novos entrantes, não importando o segmento em que atuem. Esse ciclo vem aumentando nos últimos anos e potencializando a força do mundo virtual na economia e mesmo na política mundial. Muitos países colocam em suas pautas de desenvolvimento um tópico muito discutido nos dias de hoje: a chamada inclusão digital.

A inclusão digital é uma preocupação presente no mundo político, acadêmico e empresarial de todo o planeta. Como a Internet tornou-se a principal difusora de cultura e conhecimento no mundo, disponibilizar o seu acesso a todas as comunidades do planeta, principalmente as mais carentes, possibilita e auxilia o desenvolvimento social de maneira rápida, eficiente e, de certa forma, barata. Por essa razão, muitos governos de todo o mundo colocam em sua pauta de ações, planos para a inclusão digital das populações de renda mais baixa, as mais carentes.

O meio acadêmico foi o primeiro a se mobilizar por uma inclusão digital eficiente e rápida, com a disponibilização de equipamentos e de pessoal, para realizar os primeiros passos do processo. Mobilizaram, também, as bases políticas da sociedade, conscientizando e influenciando, para que os governos atentassem para a importância social desse grande projeto. Este tópico é de tamanha importância que a ONU (Organização das Nações Unidas), já considera o nível de inclusão digital como um indicador de desenvolvimento econômico e social de um país.

Para o meio empresarial, a inclusão digital também é um fator de grande interesse: colocar um número maior de pessoas acessando a rede irá, certamente, aumentar o potencial de negócios que poderão ser realizados. Equipamentos a custo mais baixo e acesso gratuito à Internet poderão, num futuro próximo, colocar milhões de novos internautas e, consequentemente, mais público consumidor na rede

“Uma empresa virtual deve ser gerida da mesma maneira que uma do mercado tradicional. O objetivo primário é a geração de lucro”

Capítulo 3

VIABILIDADE ECONÔMICA E O BUSINESS PLAN

Antes de iniciar qualquer atividade na Internet, o empresário deve analisar e avaliar uma série de fatores que definirão a viabilidade e o modelo de negócio que deverá ser adotado. É um processo que deve ser feito da maneira mais detalhada possível e que deve levar em consideração:

- Viabilidade tecnológica do empreendimento;

- Análise da demanda pelo(s) produto(s) ou serviço(s) a ser (em) ofertado(s);

- Viabilidade econômica (investimento necessário em estrutura, previsões de receita / despesas, ponto de equilíbrio, tempo de retorno do investimento, rentabilidade, etc.);

- Concorrência já estabelecida e possibilidade de novos entrantes;

- Análise das variáveis de mercado;

- Ações de marketing necessárias. Depois de analisar todas as variáveis indicativas da viabilidade do negócio e o modelo a ser adotado, o empresário deve formular um *Business Plan* (plano de negócios). Esse trabalho é de vital importância para o sucesso do empreendimento. Deve ser um verdadeiro guia de ações e premissas que vão reger toda a operação. Por isso, deve ser elaborado com todo o cuidado técnico e seguido, passo a passo. Apresenta os objetivos da empresa e as expectativas a curto, médio e longo prazos.

3.1 - CONTEÚDO DE UM PLANO DE NEGÓCIOS

- Análises do mercado potencial;
- Pesquisas que suportem e comprovem as premissas do projeto;
- Informações sobre os clientes;
- Determinação de vantagens competitivas;
- Modelo de negócios, ou seja, como será gerada a receita;
- Como serão conduzidas as atividades da empresa;
- Análise dos pontos fortes e pontos fracos do empreendimento (SWOT);
- Organograma e departamentalização;
- Política de Recursos Humanos;
- Plano de ação de marketing;
- Investimentos necessários em estrutura física, pessoal, tecnologia, logística e marketing;
- Planejamento financeiro para um período não inferior a 2 (dois) anos;
- Qualificação dos responsáveis pela direção do negócio (tópico importante para captação de sócios investidores).

Quando um plano de negócios é elaborado, pelo fato de ser um guia de operações, tarefas e objetivos, ele deve ser a resposta para as mais diversas perguntas, tanto dos gestores do negócio quanto de possíveis sócios, investidores ou parceiros comerciais. Desta forma, as perguntas que precisam encontrar resposta em um Business Plan são, principalmente as seguintes:

- Por que existimos?
- Quem somos?
- Onde estamos?
- Como somos?

- Quem fomos e de onde viemos?
- Para onde vamos e quem queremos ser?
- O que fazer para chegar lá?

Estas perguntas relacionam-se à essência da própria empresa e do negócio que está sendo conduzido ou em desenvolvimento.

3.1.1 - POR QUE EXISTIMOS?

A resposta a esta pergunta é a verdadeira "alma" do negócio. É claro que todo negócio empresarial, por definição, tem como objetivo gerar lucros, maximizando os investimentos. A existência da empresa, porém, está mais ligada à sua missão, que deve ser claramente definida e remete à satisfação das necessidades dos clientes. A missão precisa ser definida, claramente, em uma frase que expresse a finalidade do empreendimento em relação aos seus clientes.

3.1.2 - QUEM SOMOS?

Deve refletir a empresa e, principalmente, seus donos e dirigentes.

3.1.3 - ONDE ESTAMOS?

Responder este questionamento é fazer uma avaliação do quadro atual da empresa e seu posicionamento no mercado. É uma análise de mercado, com um comparativo da concorrência, os pontos fortes e fracos do negócio e uma definição clara do posicionamento atual da empresa no mercado.

3.1.4 - QUEM FOMOS E DE ONDE VIEMOS?

É uma retrospectiva do quadro inicial do empreendimento. Qual era a situação do mercado antes do início das operações, o que motivou o desenvolvimento do negócio e qual era o *know how* dos empreendedores, para dar início às operações.

3.1.5 - PARA ONDE VAMOS E QUEM QUEREMOS SER?

A resposta a esta pergunta deve ser uma síntese das "ambições" do negócio e de seus gestores. Os objetivos devem ser claros e coerentes com toda a análise de mercado e do investimento necessário.

3.1.6 - O QUE FAZER PARA CHEGAR LÁ?

Não basta definir aonde queremos chegar. O caminho e as ações necessárias precisam ser definidas com clareza, objetividade e baseadas nas possibilidades reais. Um plano de ações deve conter todos os procedimentos que deverão ser adotados a curto, médio e longo prazos e precisa ser reavaliado regularmente, para que a empresa não "insista" em uma determinada linha de ação que, de início, parecia ser a mais apropriada, mas que a realidade do mercado tenha provado não ser eficiente.

Baseados nas respostas das perguntas dos itens 3.1.1 à 3.1.4, podemos traçar as linhas básicas da parte estratégica de um Business Plan, que são:

- Missão da empresa;
- Definição de metas e objetivos;
- Avaliação interna e externa;
- Diferenciação e posicionamento estratégico;
- Estratégias e implementação tática;
- Acompanhamento e reavaliação.

Dentro desses tópicos, devem ser avaliadas todas as características e implicações relativas. Para que o lucro, que é o objetivo final de qualquer atividade empresarial, seja alcançado e maximizado, o Business Plan deverá ser um "mapa" fiel e, de certa forma, pode ser comparado à Constituição, que rege todas as atividades de um país, estabelecendo regras, formas de operação e normas de conduta.

3.2 - ANÁLISE DE MERCADO

Ao entrar em uma atividade virtual, o empreendedor precisa fazer uma avaliação detalhada do mercado ou nicho de mercado no qual pretende atuar. Além da concorrência, a pergunta principal a ser respondida é: há demanda para o que vou oferecer na Internet? Muitas idéias acabam sendo descartadas quando avaliamos o potencial para um determinado negócio. Devemos ter em mente que nem sempre um bom negócio no mundo real pode ser "transportado" para o mundo virtual e vice-versa.

3.3 - ATIVIDADES OPERACIONAIS

No Plano de negócios, todos os aspectos da empresa devem ser abordados e analisados. Desta forma, todos os departamentos devem ser definidos claramente, quanto à sua estrutura funcional, ao seu organograma, à política de recursos humanos (RH), etc. Exemplificando, devemos detalhar o funcionamento de departamentos como compras, administrativo, RH, expedição, atendimento ao cliente (SAC), etc., através da criação de um fluxograma de operações.

Podemos então, concluir que o Plano de Negócios ou Business Plan, é uma das mais importantes ferramentas nas mãos dos empresários e gestores de negócios, virtuais ou não. Com esse planejamento detalhado, é possível nortear todas as operações da empresa, definir prioridades e avaliar resultados. Não é possível uma empresa obter o crescimento desejado e conquistar uma colocação estratégica no mercado sem um planejamento consistente.

**"O *Business Plan*
deve ser um verdadeiro
guia de ações e
premissas, que vão
orientar toda as
operações da empresa"**

Capítulo 4

CONCORRÊNCIA

Todas as atividades empresariais possuem, entre outros, um grande fator em comum: a concorrência. Em um plano de negócios, avaliar corretamente a concorrência e a possibilidade de novos entrantes é uma necessidade vital. Nenhum negócio pode ser implantado ou gerido sem que haja uma avaliação constante da concorrência.

4.1 - QUEM SÃO OS CONCORRENTES

Constatar quem são os concorrentes é uma tarefa que pode ser considerada fácil, se levarmos em conta apenas alguns aspectos da concorrência mas, para que haja uma análise eficiente e convincente, ela deve ser detalhada da melhor maneira possível. Em primeiro lugar, devemos avaliar exatamente quem será considerado como concorrente. Esta não é uma pergunta de resposta tão simples quanto possa parecer pois, à primeira vista, concorrentes são aqueles que fazem exatamente o que fazemos, ou seja, que prestam o mesmo tipo de serviço ou vendem os mesmos tipos de mercadoria.

Analisar a concorrência desta forma, no entanto, pode ser um grande erro. Em uma análise mais profunda, podemos defini-la como qualquer empresa ou profissional com o qual nossos clientes ou clientes potenciais poderão nos comparar. Vejamos um caso hipotético para exemplificarmos quem poderão ser os nossos concorrentes.

Imaginemos que o nosso negócio seja a venda de aparelhos de televisão, através de uma loja virtual. Com quem nossos possíveis clientes poderão nos comparar antes ou depois da compra?

Em primeiro lugar, o consumidor irá comparar a sua oferta de venda de uma televisão a uma outra que ele lembre, ou seja, de uma loja que tenha feito uma divulgação eficiente do produto, preço e condições de pagamento. Esta comparação é mais rápida se o aparelho oferecido pelas duas empresas for exatamente o mesmo. Caso o modelo ou marca sejam diferentes, o consumidor fará uma avaliação comparativa aproximada, tentando decidir se um aparelho a um determinado preço e condição de pagamento é mais interessante que o outro, apesar de serem de modelos diferentes. Desta forma, podemos verificar que o consumidor considera, como concorrentes, as empresas que comercializam produtos iguais ou da mesma linha (aparelhos de televisão, neste exemplo).

Outra forma de comparação que o consumidor costuma fazer, determinando uma outra forma de concorrência, é de empresas que atuem no mesmo segmento, apesar de não trabalharem exatamente com as mesmas linhas de produtos. Neste caso, temos como exemplo lojas virtuais como o Submarino.com, as Americanas.com, PontoFrio.com e o Magazine Luiza. Todas essas são lojas virtuais que comercializam mercadorias também comercializadas pelas outras, apesar do mix de produtos não ser muito semelhante. Por esta razão, é normal um consumidor que queira comprar um aparelho de TV (que, neste caso, é comercializado pelas quatro empresas citadas) de determinado modelo, faça uma pesquisa on-line nessas lojas, procurando pelo melhor preço e condições de pagamento.

Independentemente do tipo de loja, o consumidor compara um produto oferecido por uma determinada loja, com qualquer outra empresa que comercialize o mesmo produto. Com isso, a concorrência pode ser ampliada pois, por exemplo, quando uma fábrica decide colocar à venda seus produtos diretamente ao público final, está se tornando um concorrente direto do comércio varejista que tradicionalmente comercializa esse mesmo produto.

Podemos dar como exemplo de concorrência exercida pela própria fábrica o caso dos computadores Dell. A empresa comercializa no Brasil grande parte da sua produção diretamente para o consumidor final, on-line ou através de um *call center*. Os preços são competitivos, existem diversas formas de pagamento disponíveis para os consumidores e é possível montar a configuração desejada, tudo diretamente no website do fabricante.

Essa política adotada pela Dell, fez com que o varejo tradicional fosse diretamente atingido pelo e-commerce realizado pela fábrica, que deixou de ser simplesmente um fabricante, fornecedor de equipamentos de informática, para se tornar um forte concorrente no varejo virtual, atingindo também, o varejo tradicional.

Outra forma de percepção de concorrência que o consumidor tem é quando compara o atendimento de uma empresa com outra. No caso de uma loja virtual, por exemplo, quando o cliente decide entrar em contato por telefone, ele compara o atendimento recebido com qualquer outro tipo de atendimento telefônico ou SAC de empresas com as quais já tenha mantido contato. Desta forma, se o cliente recebe um atendimento direto, por exemplo, inferior ao que recebeu quando entrou em contato com sua operadora de telefonia, este passará a ter uma baixa percepção de qualidade de atendimento da loja e, consequentemente, reduzindo a possibilidade de realizar compras.

No caso de lojas virtuais, um fator que permite uma comparação imediata com outras empresas, definindo mais uma forma de concorrência, é a questão da eficiência no despacho de produtos vendidos. Ainda no caso de uma loja virtual que comercialize televisores, quando um cliente efetua uma compra, este espera receber o produto com a mesma rapidez que recebe, por exemplo, quando adquire um livro na sua livraria virtual preferida. Desta forma, a livraria, apesar de não comercializar televisores, passa a figurar como concorrente no item "despacho de encomendas".

Por último, quando um cliente faz uma compra em uma loja virtual ou mesmo tradicional, se recebe qualquer tratamento "diferenciado" , automaticamente, passará a considerar esse tipo de atendimento como um padrão de qualidade, que será utilizado na comparação com o recebido em outras lojas. Por esta razão, podemos dizer que a experiência de compra e atendimento são fatores de grande comparação, fazendo com que empresas de diferentes segmentos possam ser consideradas como concorrentes nesses fatores tão importantes, que impactam diretamente na satisfação (ou insatisfação) obtida antes, durante e depois da compra.

4.2 - NOVOS ENTRANTES

Este tópico é de grande importância para todas as empresas e, de maneira especial, para empresas do mundo virtual. Consideramos a possibilidade de novos entrantes, a probabilidade de empresas iniciarem atividades semelhantes ou iguais às nossas, tornando-se concorrentes diretos e disputando a mesma "fatia" de mercado.

Muitas vezes, uma empresa virtual é a única ou uma das poucas a oferecer um determinado serviço ou produto(s) na rede e, então, surge uma nova empresa que "arrebata" quase todos os clientes da(s) empresa(s) que dominava(m) o segmento anteriormente, levando-a(s) à redução de lucros ou mesmo inviabilizando a continuidade de suas operações. Isso ocorre, principalmente, quando a nova empresa entra no mercado de maneira agressiva, com grande volume de capital para investimento, profissionais gabaritados e um plano de ação hostil. Dizemos que esse aspecto é especialmente importante para empresas do mundo virtual pois se trata de um mercado novo, com muito espaço para ser explorado e que apresenta muitos segmentos com poucos empreendimentos, o que pode levar a atrair novos entrantes.

Para evitarmos ou reduzirmos a possibilidade de surpresas, o empresário virtual deve avaliar, antes de iniciar seu empreendimento virtual, quem está atualmente no segmento em questão, quais as possibilidades de crescimento da concorrência existente e, principalmente, quais as possibilidades de novos entrantes. Avaliadas estas questões, é necessário que se tenha planos alternativos para o caso de tornar-se real a entrada de novos concorrentes que possam afetar as operações da empresa. Essa avaliação da possibilidade de novos entrantes, no entanto, deve ser uma preocupação constante, devendo ser refeita regularmente, para evitar grandes surpresas.

Capítulo 5

PESQUISA DE MARKETING

A pesquisa de Marketing é a ferramenta mais adequada para uma avaliação apurada de todos os aspectos mercadológicos que envolvem uma empresa, seja ela virtual ou não. Através da análise dos resultados, torna-se possível uma avaliação mais coerente e precisa, o que fornece aos administradores subsídios concretos para tomada de decisões empresariais, com maior grau de segurança.

Existem muitas técnicas e procedimentos adotados para a realização de uma pesquisa válida e, por este motivo, a melhor maneira de obtermos dados confiáveis é através da contratação de empresas especializadas na realização de pesquisas.

Dentre os muitos aspectos que podem ser investigados e avaliados através de pesquisa mercadológica, podemos destacar os seguintes:

- Mercado
- Concorrência;
- Marca - valor e participação no mercado;
- Produtos ou serviços;
- Preços;
- Comunicação;
- Análise de vendas.

5.1 - PESQUISA DE MERCADO

A pesquisa de mercado detecta e identifica as características do mercado alvo da empresa. Quem são os consumidores, seus hábitos de consumo, quais os tipos de produtos ou serviços que estão dispostos a comprar, se têm acesso à Internet, se compram ou comprariam on-line e quais tipos de produtos ou serviços.

O resultado desse tipo de pesquisa é vital para o balizamento de todas as operações da empresa. No caso de empresas virtuais, entender o comportamento do público alvo é necessário para definir estratégias de produtos ou serviços e, em muitos casos, a própria viabilidade da empresa. Muitas empresas virtuais, antes de iniciarem suas operações, verificam se há realmente um público consumidor na rede para seus produtos ou serviços e qual o tamanho desse contingente. Com estas informações, é possível definir o tamanho da estrutura operacional da empresa, sem que haja desperdícios ou que a estrutura seja pequena e inadequada à demanda esperada.

5.2 - PESQUISA DA CONCORRÊNCIA

Avaliar corretamente a concorrência é uma das principais e importantes tarefas da pesquisa de Marketing. Através de uma pesquisa coerente e bem realizada, poderemos avaliar os concorrentes segundo seus pontos fortes, fracos e vantagens competitivas, além de detectarmos possíveis oportunidades e ameaças.

Através da pesquisa podemos identificar, com exatidão, quem são nossos concorrentes, pois nem sempre esta constatação é tão simples e direta. A seguir, veremos como deve ser direcionada uma pesquisa de concorrência, para uma avaliação detalhada de todos os aspectos competitivos:

5.2.1 - ANÁLISE DA CONCORRÊNCIA DIRETA

Em primeiro lugar, é necessário que seja feita uma avaliação comparativa junto ao público consumidor, tendo como paralelo a concorrência direta, ou seja, empresas que comercializam os mesmos tipos de produtos ou serviços para o mesmo público alvo. Essa pesquisa deve ser realizada, basicamente, abordando os seguintes tópicos:

- Preço de venda dos produtos;
- Atendimento ao cliente;
- Prazos de entrega de produtos;
- Condições de pagamento oferecidas;

- Qualidade dos produtos ou serviços;
- Percepção de valor da marca, ou seja, do nome da empresa.

Através de uma pesquisa bem feita, ou seja, com uma amostragem adequada e com a tabulação correta dos resultados, podemos avaliar corretamente qual a real situação da empresa no mercado, quais seus pontos fortes e fracos em relação à concorrência direta e, com isso, traçar diretrizes para melhorar ou manter o posicionamento.

Cada um dos tópicos abordados na pesquisa precisa ser tratado de maneira isolada e em conjunto com os resultados obtidos em outros tópicos dessa mesma pesquisa. Desta forma, por exemplo, se o público consumidor tiver uma percepção de que os prazos de entrega da empresa são mais longos do que os dos concorrentes e, ainda, que o valor da marca seja inferior ao de um ou mais concorrentes, podemos tratar do problema relativo ao prazo de entrega como um indicativo da razão da baixa percepção do valor da marca.

É muito comum, após a empresa ter em suas mãos os resultados de uma pesquisa, que surjam mais dúvidas sobre os tópicos abordados, o que costuma levar a novas pesquisas, mais esclarecedoras, que podem definir futuras ações com maior precisão e detalhamento.

As informações obtidas por meio de uma pesquisa de mercado bem elaborada e adequada às necessidades da empresa, podem ter uma enorme força de mudança nas estratégias de atuação da empresa. É comum que empresas estabelecidas, que estejam ou não experimentando uma fase de problemas, mudem drasticamente seus rumos após analisar os resultados de uma pesquisa de mercado. Isso ocorre, na maioria das vezes, pela constatação de ineficiência das operações, se as compararmos com os concorrentes, fazendo-se necessária uma reestruturação nas operações da empresa.

5.2.2 - ANÁLISE DA CONCORRÊNCIA INDIRETA

A concorrência indireta, como já o mencionamos, consiste em empresas que, mesmo não atuando no mesmo segmento que a nossa, prestam algum tipo de serviço ou vendem produtos que remetam a algum tipo de comparação por parte do público. Em geral, esse tipo de concorrência se relaciona com a qualidade de serviços prestados por empresas de outros segmentos, mas que impactam de tal maneira o público consumidor, que este acaba por comparar os serviços obtidos com os de outras empresas, incluindo a nossa.

Por esta razão, uma empresa de comércio eletrônico, por exemplo, poderá ter seu serviço de atendimento ao cliente (SAC) comparado ao de uma operadora de telefonia, TV por assinatura ou montadora de automóveis. Esta informação só poderá ser constatada mediante os resultados de uma pesquisa de mercado.

Nesse caso, depois da devida avaliação dos resultados da pesquisa, torna-se importante realizar uma segunda pesquisa para saber, do público consumidor, quais aspectos do SAC da empresa podem ser considerados inferiores aos da empresa de referência.

Uma pesquisa para avaliar os aspectos da concorrência indireta deve, em primeiro lugar, identificar quem são os concorrentes indiretos, através das respostas fornecidas pelos entrevistados. Esse tipo de pesquisa deve ser elaborado, como qualquer outro, de acordo com as necessidades específicas de cada empresa. Podemos dizer que as perguntas básicas são as seguintes:

- Quais serviços de atendimento ao cliente (SAC) são considerados melhores do que o da empresa em questão;
- Quais os melhores aspectos do SAC dados como referência;
- Quais empresas (não só as virtuais) vendem os mesmos produtos mais baratos (pergunta válida quando a empresa em questão for do segmento de e-commerce);
- Quais empresas prestadoras de serviços (não só as virtuais) são mais eficientes ou prestam serviços de maior qualidade (pergunta válida quando a empresa em questão for prestadora de serviços on-line);
- Quais empresas possuem uma logística de entrega melhor, ou seja, após a compra, a entrega é mais rápida (pergunta válida quando a empresa em questão for do segmento de e-commerce);
- Quais empresas oferecem melhores condições de pagamento, tanto para produtos quanto para serviços.

Dependendo da empresa e do segmento de atuação, o questionário deverá ser diferenciado, atendendo as necessidades e respondendo perguntas específicas de cada tipo de negócio virtual.

5.3 - MARCA - VALOR E PARTICIPAÇÃO NO MERCADO

É a pesquisa realizada para obtermos dados relativos à percepção de valor que nosso público alvo tem de nossa marca, ou seja, da própria empresa. Como somos vistos por nossos clientes? Como o público alvo nos vê? Estas são algumas perguntas que a pesquisa poderá nos ajudar a responder. Além disso, a pesquisa de marca também pode avaliar a participação de uma marca ou empresa no mercado alvo. Esta informação é importante especialmente porque, tendo em mãos os dados referentes ao tamanho do mercado alvo e à participação de cada concorrente, torna-se possível traçar metas de crescimento e aumento de marketing share.

5.4 - PESQUISA DE PRODUTO OU SERVIÇO

O objetivo da pesquisa de produto é a identificação dos diferenciais competitivos entre produtos comercializados pela concorrência, além de avaliar as opiniões dos consumidores sobre a qualidade, características e preços de produtos correlatos ou concorrentes.

No caso de pesquisa de serviço, os objetivos são, basicamente, os mesmos da pesquisa de produto, ou seja, identificar diferenciais entre serviços prestados por diversas empresas concorrentes, assim como a opinião de consumidores sobre a qualidade, preço, características, vantagens e desvantagens competitivas.

5.5 - PESQUISA DE PREÇOS

A pesquisa de preços é uma prática bastante corriqueira para empresas de varejo, tanto as do mercado tradicional quanto as do mercado virtual. Também é válida e imprescindível para empresas prestadoras de serviços on-line.

Ela consiste na simples coleta de informações referentes aos preços cobrados pela concorrência, tanto para os mesmos produtos, quanto para produtos correlatos, que possam representar algum tipo de concorrência indireta.

A comparação de preços com empresas virtuais é bastante simples, pois é possível acessar os websites dos concorrentes ou mesmo os websites de comparação de preços e verificar, não só os preços, mas também, as condições de pagamento oferecidas pela concorrência.

Para empresas prestadoras de serviços é importante ressaltar que nem sempre os serviços prestados pela concorrência apresentam as mesmas características, além do fato de que a comparação, por parte do público alvo, nem sempre é direta. De qualquer maneira, é necessária a comparação de preços cobrados por serviços prestados pelos concorrentes, mesmo que estes apresentem características parcialmente diferentes, mas que atendam ao mesmo público alvo.

5.6 - PESQUISA DE COMUNICAÇÃO

O objetivo desse tipo de pesquisa é avaliar a eficiência de campanhas publicitárias e seu impacto no faturamento da empresa. Através de pesquisas de *recall*, podemos obter os níveis de memorização de uma determinada peça publicitária.

Quando uma empresa virtual investe em publicidade on-line, os resultados são mais facilmente identificados, pois um banner publicado em um determinado website ou portal gera cliques, que podem ser contabilizados, com exatidão, pelo software de estatísticas de que todos os websites dispõem. Desta forma, a eficiência de uma campanha publicitária virtual é determinada sem a necessidade de uma pesquisa.

Além disso, podemos obter informações sobre determinadas mídias ou veículos e avaliar os resultados que possam ser obtidos. Com isso, é possível determinar, com maior segurança, onde deve ser investida a verba publicitária da empresa.

5.7 - PESQUISA DE ANÁLISE DE VENDAS

O objetivo dessa pesquisa é avaliar a eficiência da estrutura de vendas da empresa. São avaliados todos os aspectos relacionados diretamente com as vendas, tais como o índice de aproveitamento de pedidos efetuados (em empresas virtuais, nem sempre um pedido feito representa um pagamento efetuado), a eficiência da equipe de vendas e a evolução dos negócios.

Com base nessa pesquisa, é possível orientar as compras de produtos, o sistema logístico e otimizar toda a estrutura de vendas.

Em empresas de e-commerce ou de prestação de serviços (quando a contratação do serviço é feita exclusivamente on-line), é preciso avaliar a relação de pedidos efetuados, pagamentos recebidos e, também, em que estágio da compra costumam parar os desistentes. Esta informação é particularmente importante, pois pode detectar o motivo pelo qual a maioria dos clientes potenciais acaba desistindo de finalizar um processo de compra ou de contratação de um determinado serviço. Em muitos casos podemos detectar, por exemplo, que um grande número de clientes desiste de finalizar a compra quando acessam a página na qual constam as formas de pagamento. Nesse caso, provavelmente, esses clientes não estejam encontrando uma forma de pagamento adequada, como parcelamento em cartão de crédito ou algum tipo de financiamento.

Capítulo 6

O MARKETING PARA EMPRESAS VIRTUAIS

As empresas virtuais, como muitos outros segmentos da economia, apresentam suas peculiaridades e, desta forma, toda a estratégia de marketing também deve ser adequada à realidade do negócio.

6.1 - O PLANO DE MARKETING

Não é o fato de ser uma empresa virtual que definirá um plano de marketing somente virtual. A publicidade, por exemplo, pode ser veiculada tanto na Internet quanto em mídias convencionais, como jornais, revistas, TV ou rádio. Mesmo assim, por se tratar de um negócio virtual, a utilização de publicidade via Internet se torna quase que uma necessidade. Isso se dá pelo fato de que um consumidor atingido por uma mensagem publicitária na Internet, está a apenas um click de entrar no website do anunciante.

Esta é uma grande vantagem, pois favorece a compra por impulso e gera uma curiosidade que pode ser satisfeita imediatamente. De qualquer maneira, a melhor "fórmula", na maioria das vezes, é agregar o marketing digital ao marketing tradicional atingindo, de formas diferentes, o público alvo e, conseqüentemente, surtindo efeitos mais satisfatórios.

6.2 - DEFINIÇÃO DE OBJETIVOS

Antes de se lançar em um plano de marketing, a empresa precisa estabelecer as metas que deseja atingir e definir as campanhas necessárias. Para isso, são utilizadas algumas ferramentas como, por exemplo, as pesquisas de mercado. Essas pesquisas podem ser realizadas de maneira tradicional ou on-line, feitas através de mecanismos de enquetes ou através de formulários enviados por e-mails.

Toda a estratégia de marketing da empresa deve levar em consideração, sempre, os aspectos relacionados à qualidade e ao preço das mercadorias ou serviços, a forma pela qual o produto ou serviço vai ser oferecido (apresentação, embalagem, etc.), eventuais promoções e a pós-venda (cada vez mais valorizada pelos consumidores).

Deve ser um dos principais objetivos do plano de marketing a construção de uma marca forte e de uma alta percepção de valor por parte dos consumidores. Estes devem poder confiar na empresa e na qualidade dos produtos ou serviços oferecidos, além de contar com um eficiente serviço de atendimento ao cliente (SAC).

6.3 - ESCOLHA DAS MÍDIAS

Na maioria das vezes, as empresas virtuais não contam com um grande orçamento para ações de marketing. Desta forma, a criatividade passa a ser a principal aliada. Existem muitas alternativas digitais eficientes e de baixo custo, para empresas virtuais que precisam oferecer seus produtos ou serviços. Entre elas, podemos citar as seguintes:

- E-mail marketing para a base de clientes cadastrados;
- Utilização de sites de busca (Google, Yahoo, etc.) como direcionadores de tráfego, através da "compra de palavras-chave";
- Divulgação de produtos em sites de comparação de preços (Buscapé, Jacotei, etc.);
- Inserção de banners em sites com conteúdo relacionado.

6.3.1 - DIVULGAÇÃO EM MÍDIAS DE MASSA

Nesse caso, a empresa utiliza peças publicitárias adequadas a cada mídia, de maneira criativa, visando impactar, eficientemente, um grande número de pessoas. As campanhas podem ser de cunho institucional ou varejo, de acordo com a necessidade imediata da empresa.

Muitas vezes, uma campanha que atinja um público massificado não é eficiente se for feita de maneira institucional, ou seja, divulgando apenas a empresa, sem oferecer diretamente um ou mais produtos específicos. Por outro lado, uma campanha em massa de um ou dois produtos específicos que não seja eficiente no que diz respeito à concretização de vendas, acaba por desperdiçar parte do poder de divulgação de uma empresa. Neste caso, talvez, uma campanha institucional fosse mais interessante.

As campanhas e peças publicitárias, como já o mencionamos, devem ser adequadas à mídia utilizada. De uma maneira geral, podemos dizer quais são os formatos utilizados em cada uma das principais mídias:

- Mídia impressa (jornais, revistas, etc.): os formatos utilizados são os negociados pelo veículo. Normalmente página inteira, meia página, capa, segunda capa, terceira capa e quarta capa, além dos formatos fracionados de páginas;

- Televisão: os formatos comercializados pelas emissoras variam desde 15 segundos até horas de comerciais seguidos. Existem programas especializados em publicidade, que "loteiam" o horário e o custo das emissoras, tornando viáveis anúncios na TV de empresas com pouca verba;

- Rádio: os spots ou comerciais de rádio apresentam uma grande penetração no mercado brasileiro e, dependendo do tipo de produto vendido ou da empresa, pode ser uma opção bastante vantajosa. Em relação à TV, o custo da publicidade no rádio é bastante inferior;

- Internet: na Internet os formatos são mais flexíveis pois, além dos tradicionais banners, e-mail marketing e popups, também existem formatos interessantes como a troca de banners com outros sites, a inserção de uma loja virtual em um shopping virtual (normalmente de um grande portal, como Terra, MSN, UOL, etc.).

6.4 - PUBLICIDADE COOPERADA (PEÇAS PUBLICITÁRIAS PAGAS TOTAL OU PARCIALMENTE POR OUTRAS EMPRESAS)

É muito comum uma empresa de vendas no varejo fazer um anúncio ou uma campanha cooperada com fabricantes. A loja faz uma cotação de preços para uma ação de divulgação na TV, por exemplo, e entra em contato com um fabricante específico, propondo que a campanha seja paga, total ou parcialmente, pelo fornecedor, que terá seu produto divulgado através de uma mídia forte e que remeta diretamente a um canal de venda, neste caso, a loja que propõe a ação. No caso de empresas virtuais, as ações cooperadas podem se tornar bastante interessantes, se privilegiarem a divulgação na própria Internet.

6.5 - AÇÕES PROMOCIONAIS (PROGRAMAS DE FIDELIZAÇÃO, PARTICIPAÇÃO EM EVENTOS, DISPLAYS, ETC.)

Como reforço publicitário, em uma campanha de maior porte ou mesmo como uma ação isolada, as promoções são uma ótima ferramenta, especialmente para empresas virtuais. São muitas as ações promocionais que podemos implementar de maneira eficiente e que possam influenciar substancialmente as vendas. Podemos citar os programas de fidelização, que criam um vínculo entre os clientes e a empresa, fazendo com que tenham a tendência de voltar e realizar mais compras. Existem diversos modelos de planos de fidelidade, que incluem cartões de descontos, acúmulo de pontos que dão direito a descontos, produtos, brindes, etc.

A participação em eventos é uma ação que pode gerar ótimos resultados, tanto para reforçar a imagem da empresa quanto para ajudar na formação de opinião, pois ela deve objetivar atingir um público formador de opinião, que tomará conhecimento da empresa e de seus produtos ou serviços e, então, poderá "espalhar" sua experiência para outras pessoas, criando uma eficiente rede de divulgação oral.

6.6 - PROGRAMAS DE AFILIAÇÃO

A utilização de programas de afiliação é uma maneira bastante interessante de direcionamento de tráfego de usuários provenientes de outros websites, sem que haja um custo de publicidade envolvido. O formato utilizado é o seguinte: são colocados banners e links do website em questão, em outros websites, normalmente, que tenham algum tipo de vínculo de conteúdo com o website para o qual o tráfego deverá ser direcionado. No caso de uma loja virtual, por exemplo, (este formato se adequa melhor ao e-commerce) quando um usuário for direcionado e, efetivamente, realizar uma compra, o website afiliado do qual o cliente foi direcionado, será remunerado com uma comissão sobre a venda.

Este sistema é amplamente utilizado por centenas de empresas virtuais, em especial por lojas virtuais. O mais famoso exemplo deste tipo de programa de afiliação é a Amazon.com, que é a maior loja virtual do mundo e conta com mais de 500.000 websites afiliados em todo o planeta.

O fator determinante para a viabilidade da proposta dos planos de afiliação é a tecnologia. É necessário que a empresa que faça a opção por criar uma rede de afiliados, disponha de um eficiente software de controle para esta ação. O software deverá centralizar todas as informações relacionadas aos afiliados e também disponibilizar aos associados uma página para o acompanhamento dos resultados obtidos.

O software de gerenciamento dos afiliados deverá gerar relatórios com as seguintes informações:

- Quantos cliques foram gerados a partir dos websites de cada um dos afiliados;

- O que os usuários direcionados procuravam;

- Quantos usuários que entraram no website através de um afiliado, realizaram compras e de quais afiliados estes usuários partiram (de onde vieram os cliques);

- Relatório de todos os negócios realizados com usuários que vieram através de afiliados, com cálculo de comissão a ser paga para os afiliados correspondentes.

Além dos relatórios de resultados, o software de gerenciamento das afiliações deve disponibilizar nas páginas do website, uma área destinada à afiliação. Nesta área, os representantes de outros websites que desejem ser afiliados, poderão incluir-se no programa de afiliação de maneira simples, on-line e sem burocracia.

O maior "segredo" para empresas virtuais que queiram implantar um sistema eficiente de afiliações, que realmente tragam resultados financeiros, é oferecer uma comissão aos afiliados que seja atrativa. Isto é muito importante pois, mesmo com uma boa proposta e um software de gerenciamento eficiente, é necessário atrair um grande número de afiliados.

6.7 - MARKETING DIRETO

As ações de Marketing direto apresentam uma ótima característica para empresas virtuais, pois a modalidade de e-mail marketing (a versão virtual da tradicional mala direta via correio) é uma das mais eficientes ferramentas que o empresário virtual pode utilizar. Ao enviarmos uma peça publicitária para um grande número de usuários, estes poderão tomar conhecimento do produto ou serviço oferecido e, também, estarão há apenas um clique de entrar no website do anunciando, continuando imediatamente a satisfazer sua curiosidade e, se desejar, até mesmo realizar uma compra ou descobrir a solução para um problema.

Campanhas de marketing direto tradicional também são uma opção bastante eficiente. A mala direta para público qualificado e o telemarketing ativo costumam ser uma ótima alternativa, dependendo da área de atuação da empresa. Estas ferramentas de Marketing, no entanto, acabam sendo utilizadas, na maioria das vezes, como reforço para campanhas maiores, cuja linha principal esteja em mídias de massa.

Além de atrair usuários para dentro dos websites, os empresários do mundo virtual têm uma tarefa da maior importância: manter seus usuários ou clientes o maior tempo possível no website e, também, fazer com que tenham vontade de voltar e interagir.

6.8 - MARKETING DE RELACIONAMENTO

O Marketing de relacionamento é uma das mais poderosas ferramentas utilizadas nas estratégias de Marketing de empresas de sucesso. Consiste em criar um vínculo mais duradouro com seus clientes ou usuários. A Internet proporciona uma grande facilidade para empresas interagirem com seus clientes, o que contribui muito para ações de relacionamento.

É claro que as ações deverão ser adequadas ao tipo de empresa virtual, podendo ser voltadas a clientes de uma loja virtual ou de uma revista eletrônica, por exemplo. Vamos exemplificar algumas ações que podem ser adotadas para implementar o Marketing de relacionamento em diferentes empresas virtuais focando, basicamente, as empresas de e-commerce e os websites de conteúdo dirigido (e-zines ou revistas eletrônicas).

No caso de empresas de comércio eletrônico (e-commerce) as ações de implementação do Marketing de relacionamento destinam-se a criar uma maior interatividade entre a loja e seus clientes. Para isso, a empresa virtual precisa conhecer o máximo possível sobre seus clientes e, de preferência, particularidades de cada um deles. É claro que saber informações detalhadas sobre cada cliente é uma tarefa difícil e, mais ainda, ter a possibilidade de utilizá-las como "armas", para estabelecer um relacionamento mais estreito.

Para solucionarmos esses problemas, dependemos sempre das ferramentas tecnológicas de TI (Tecnologia da Informação). Sistemas de informação baseados em bancos de dados completos, com o máximo possível de informação sobre os clientes. Além das informações que o cliente disponibiliza voluntariamente, quando preenche um cadastro, também devemos ter a possibilidade de analisarmos, de maneira automática, todos os hábitos de consumo ou as curiosidades que cada cliente demonstrou ao navegar na loja virtual. São informações como as seções que cada um mais procura, o tipo de produto que mais gera curiosidade, que tipo de produto costuma comprar na loja ou se há um ou mais produtos que o cliente costuma visitar a página, mas nunca se decide a comprar. Com todas essas informações, já podemos pensar em iniciar um contato para estreitar o relacionamento com o cliente, gerando um elevado grau de satisfação e uma valorização na percepção do cliente em relação à loja.

Os contatos podem ser simples, como um simples e-mail de parabéns no aniversário do cliente ou mesmo a oferta de um brinde ou um desconto em ocasiões especiais. Temos, ainda, como oferecer a um determinado cliente produtos relacionados aos que ele já comprou, criando uma possível sinergia de valores e levando este cliente a comprar novamente. Outra possibilidade é enviar um e-mail para o cliente que costuma acessar, regularmente, a página de um determinado produto, oferecendo este mesmo produto com um desconto especial e, ainda, dizendo algo como "percebemos seu interesse neste produto e temos uma ótima noticia: se você comprar este produto até amanhã, daremos um desconto especial, só para você!". Todas as comunicações deverão ser, sem exceção, feitas tratando o cliente pelo seu nome, ou seja, de maneira totalmente personalizada. As possibilidades são ilimitadas pois, apesar de parecer muito difícil implementar tais ações, tudo pode se tornar bastante simples, desde que disponhamos de um eficiente sistema informatizado.

No caso de websites de conteúdo, que não vendam produtos ou serviços e que atuem dentro do modelo de negócios de receita publicitária, o marketing de relacionamento também é uma importante ferramenta. A grande vantagem deste tipo de ação é fazer com que o número de internautas que visitam o site aumente e que, também, aumente o tempo de visitação e o número de páginas visitadas. A importância econômica deste aumento é clara: quanto maior for o número de visitas, mais atrativo será o website para possíveis anunciantes.

As ferramentas de TI que podem ser utilizadas são basicamente as mesmas utilizadas por uma loja virtual: um sistema de banco de dados detalhado sobre todos os usuários cadastrados no site. Além das informações cadastrais básicas (nome, endereço, data de nascimento, etc.), da mesma forma que em um sistema desenvolvido para lojas virtuais, o sistema de informações de um website de conteúdo pode captar e analisar informações importantes como: que tipo de artigo ou matéria o usuário mais procura no website, quais as seções mais visitadas ou mesmo se ele já entrou em contato via e-mail e quais foram suas perguntas, sugestões, etc.

Com essas informações, o sistema poderá enviar e-mails para o usuário, mostrando que há outras matérias ou artigos disponíveis que abordem os temas de preferência do usuário em questão. Poderá, ainda, relacionar outros temas que sejam correlatos aos do usuário e, da mesma forma, mostrar que este poderá acessar o conteúdo apenas clicando em um link no e-mail.

Por último, o marketing de relacionamento também pode ser feito de maneira bastante eficiente pelo SAC (Serviço de Atendimento ao Cliente) de uma loja virtual ou por um eficiente "fale conosco" de um website de conteúdo, institucional, etc. A comunicação direta, via e-mail ou telefone também pode ser uma ótima experiência para o cliente, tornando-se uma importante ferramenta para o relacionamento. Por esse motivo é vital que os e-mails sejam respondidos com a máxima velocidade, procurando sempre atender as necessidades do cliente e, se possível surpreendê-lo de maneira positiva.

Mesmo que a solução do problema ou da dúvida do cliente ou usuário não seja simples ou que não possa ser resolvida pela empresa, sempre é possível indicar outras formas, lugares ou contatos que possam ajudar o cliente. Com isso, a lembrança de eficiência e a percepção de valor em relação à empresa serão mantidas elevadas, mesmo que esta não tenha sido capaz de resolver o problema do cliente ou usuário.

Tanto para empresas de e-commerce quanto para websites de conteúdo ou mesmo qualquer outra empresa virtual ou website institucional, o Marketing de relacionamento é uma das mais importantes ferramentas de Marketing, estando provada a sua eficiência para incrementar vendas e aumentar acessos.

Capítulo 7

MACRO ESTRATÉGIAS PARA O MARKETING DE EMPRESAS VIRTUAIS

As macro estratégias, ou seja, aquelas que abordam a gestão do negócio de maneira mais ampla, começam por definições importantes que não podem ser equivocadas. A missão e o objetivo da empresa são as premissas básicas de qualquer empresa e devem ser bem claras, para que todo o rumo do negócio seja corretamente avaliado e direcionado.

Entretanto, com toda a importância que este tópico merece, o empresário virtual precisa se conscientizar de que o sucesso de qualquer atividade na Internet depende de um número interminável de detalhes, ou seja, de certa forma, as estratégias mais amplas são aquelas relacionadas a pequenos mas muitos detalhes. Por isso, a atenção aos detalhes precisa ser fantástica, sob pena de perda de competitividade. Desta forma, aqueles que atentarem aos mínimos detalhes e procurarem dar aos seus clientes o melhor, sempre obterão os melhores resultados.

7.1 - CANAIS DE COMUNICAÇÃO COM OS CLIENTES

As empresas virtuais apresentam, dentre outras, uma característica cuja importância não deve ser subestimada: não há um contato direto, pessoal com os clientes. Isto dificulta muito o *feedback* que o empresário precisa ter para atender sempre às demandas de seus clientes. Por esse motivo, devem ser criados múltiplos postos de escuta, ou seja, vários canais de comunicação, através dos quais os clientes possam expressar suas reclamações, agradecimentos, sugestões, etc. As formas mais eficientes e utilizadas pelas principais empresas pontocom são:

- "Fale conosco", uma opção de envio de e-mail direto ao SAC da empresa;
- Ferramenta de Chat, ou seja, uma janela para conversas on-line, em tempo real, com atendentes do SAC;
- Disponibilizar um Call Center, muitas vezes com um telefone 0800, com ligações recebidas e pagas pela própria empresa. Este serviço é muito importante, pois muitos clientes sentem necessidade e só ficam totalmente satisfeitos com um atendimento pessoal.

7.2 - COMO AMPLIAR OS NEGÓCIOS

Nas macro estratégias da empresa, não podemos deixar de definir quais as maneiras a serem utilizadas para expandir os negócios, aumentando a participação no mercado já existente e desbravando novos nichos. Com isso, é possível gerar maior volume de negócios e, consequentemente, o faturamento da empresa. É claro que as ações estratégicas deverão ser feitas de acordo com os objetivos do segmento de atuação, ou seja, para empresas de e-commerce e websites de conteúdo, por exemplo, as ações estratégicas poderão diferir, sendo necessária uma avaliação específica, caso a caso.

7.2.1 - AÇÕES ESTRATÉGICAS PARA EMPRESAS DE E-COMMERCE

Para empresas de e-commerce, as ações de maior importância e que devem ser implementadas com eficiência máxima, são as seguintes:

- Aumentar e melhorar o mix de produtos;
- Definir um Layout adequado e eficiente para a loja virtual;
- Atrair novos clientes potenciais;
- Definir o que será oferecido em termos de atendimento ao cliente em todas as fases da venda (pré-venda - durante o processo de venda - pós-venda);
- Manter o cliente na loja ou website pelo maior tempo possível;
- Criar mecanismos que tornem as visitas dos clientes mais freqüentes;
- Desenvolver novas categorias de produtos;
- Atingir novos segmentos de mercado;

- Disponibilizar aos clientes o maior número possível de formas de paga-mento;
- Aumentar o valor do ticket médio das compras;
- Melhorar a composição das margens;
- Reduzir custos e otimizar o uso da estrutura disponível;
- Desenvolver, com criatividade, novas formas de captação de clientes e fortalecimento da marca;
- Criar mecanismos para a recuperação de pedidos, cujos pagamentos não tenham sido confirmados.

7.2.2 - AÇÕES ESTRATÉGICAS PARA WEBSITES DE CONTEÚDO

Para empresas virtuais que disponibilizam informações ou conteúdo jornalístico gratuito aos seus usuários, as macro estratégias devem ser constituída das seguintes ações:

- Definir um layout eficiente, que facilite a navegação e o interesse pelo conteúdo;
- Atrair novos internautas, com interesse específico no conteúdo do website;
- Gerar um conteúdo de alta qualidade técnica e jornalística;
- Disponibilizar sempre um conteúdo renovado, com matérias novas, diariamente ou, no máximo, semanalmente, de acordo com os objetivos do website;
- Criar uma "comunidade" de usuários com interesses em comum e que, cadastrados, possam facilitar a implementação do Marketing de relacionamento;
- Fortalecer a marca e a percepção de valor do website, criando para os internautas uma forte referência de qualidade e seriedade em seu segmento.

Independentemente do segmento de atuação da empresa virtual, a chave para todo o sucesso é a priorização ao atendimento ao cliente ou usuário. Sem que haja uma interação eficiente entre usuário e empresa virtual, não é possível atingir bons resultados na venda de produtos, prestação de serviços ou qualquer outra atividade comercial on-line.

7.3 - PROCEDIMENTOS OPERACIONAIS

O processo operacional de empresas virtuais são tão "reais", quanto o de qualquer empresa tradicional. Desta forma, para que todo o operacional da empresa funcione de maneira eficiente, devemos definir um fluxograma de operações a serem realizadas. Este procedimento permite que todo o processo seja otimizado, evitando desperdícios de tempo, pessoal e de recursos financeiros.

Veja, a seguir, um exemplo de fluxograma de uma empresa virtual de conteúdo (revista eletrônica), logo após, um exemplo de fluxograma do processo operacional de uma empresa e-commerce. Devemos ressaltar que todos os departamentos da empresa devem ter o seu fluxograma de operações definido e que deverá ser obedecido, visando otimizar todas as operações relacionadas.

Fluxograma com exemplo de atividades operacionais de uma virtual de conteúdo jornalístico ou técnico (revista eletrônica ou e-zine) - departamento de geração de conteúdo.

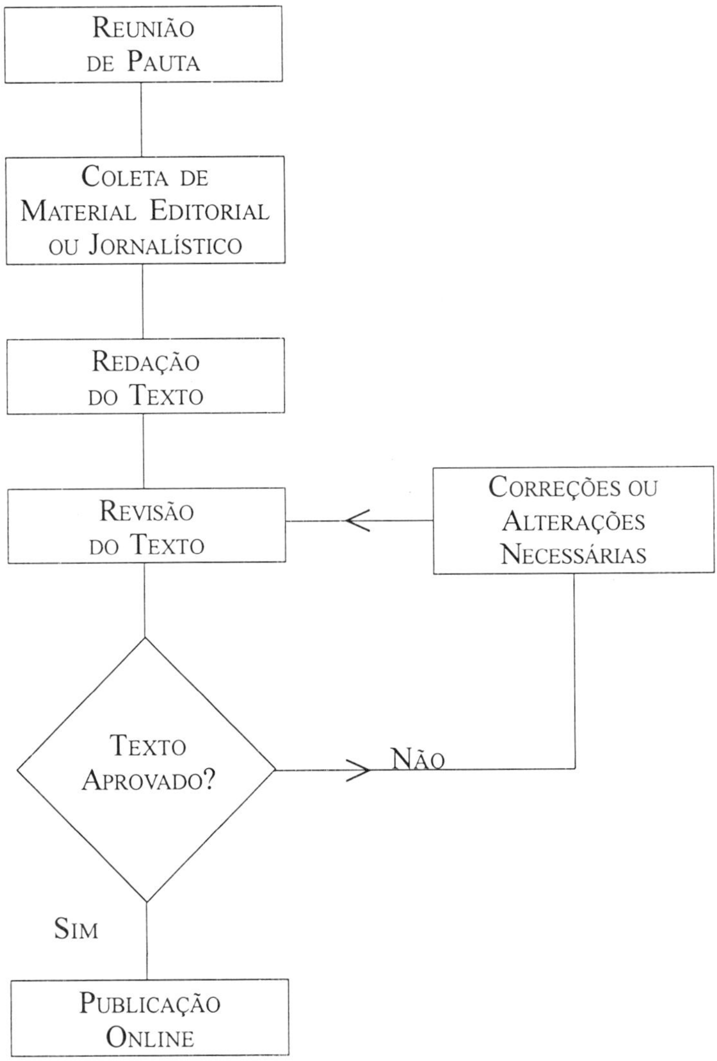

Fluxograma com exemplo de atividades operacionais de uma empresa de e-commerce - rotina de processamento de pedidos.

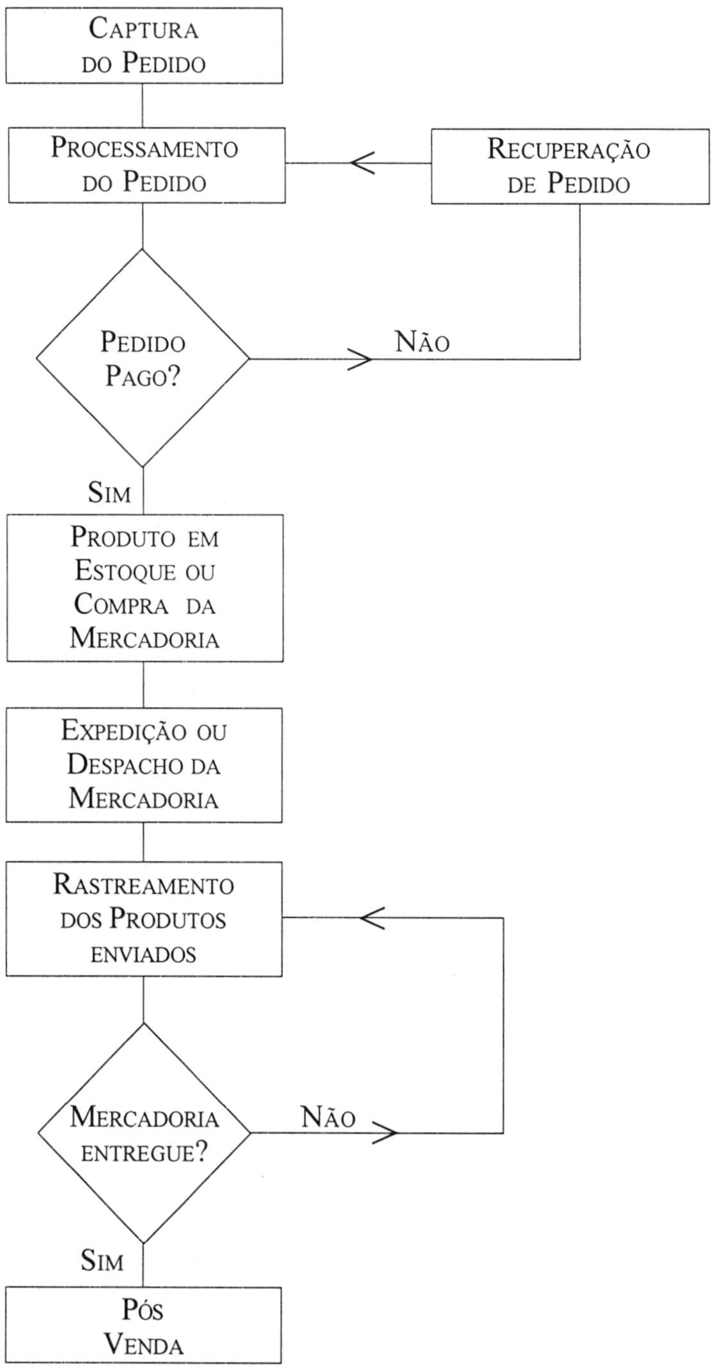

Antes do desenvolvimento do fluxograma de operações, entretanto, uma das primeiras medidas a serem tomadas, para a implantação do negócio, deve ser a criação do organograma da empresa. Este deverá ser claro, e conter toda a estrutura formal da empresa, com seus departamentos e pessoal que responderá em cada uma das funções. Basicamente, o organograma deve estabelecer a estrutura hierárquica da empresa e de seus departamentos, como veremos no exemplo abaixo:

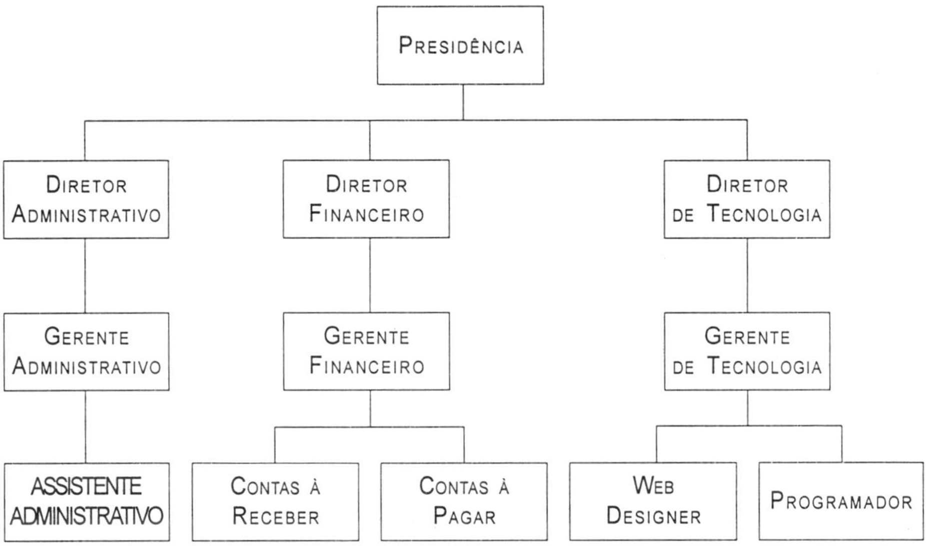

“As principais estratégias para negócios na Internet são aquelas relacionadas aos mínimos detalhes.”

Capítulo 8

DESENVOLVIMENTO E MANUTENÇÃO DE CADASTROS PARA E-MAIL MARKETING

Uma das áreas mais importantes em toda empresa virtual é a criação, desenvolvimento e manutenção de cadastro de usuários voltado para o envio de e-mail Marketing (mala direta virtual, via e-mail). Um cadastro grande, bem segmentado e com endereços de e-mail atualizados regularmente, pode ser transformado em uma das principais armas que um empresário virtual poderá dispor, tanto para o e-commerce, quanto para aumentar e direcionar acessos de internautas para seu website ou para os de possíveis clientes ou parceiros.

Por se tratar de uma informação estratégica para a empresa, o cadastro de clientes deve ser tratado como um ativo da mesma, pois pode ter um valor comercial mensurável, representando vendas e negócios.

8.1 - CRIAÇÃO E DESENVOLVIMENTO DO MAILING VIRTUAL

Existem muitas formas eficientes de criar e desenvolver um bom cadastro de e-mails de clientes, dentre elas é preciso ressaltar a mais importante: a disponibilização, no website da empresa, de uma área para que os usuários possam, de livre e espontânea vontade, cadastrar seus e-mails para receber correspondência eletrônica.

Desta forma, a empresa virtual começa a acumular e-mails e dados valiosos de seus usuários. Esses dados poderão ser convertidos em vendas ou negócios de vários tipos, com potencial para gerar vendas através do e-commerce ou possibilitar novos negócios nas áreas de prestação de serviços e e-business em geral.

Além dos usuários que se cadastram com o único intuito de receber e-mails sobre produtos, conteúdo, serviços, etc., existem outras portas de entrada para usuários que se transformarão em mais cadastro qualificado para a empresa. Em uma loja virtual, por exemplo, todos os clientes efetivos somam-se aos usuários que simplesmente preencheram o cadastro para recebimento de e-mails.

Podemos dizer que, de certa forma, todos os clientes ou internautas que se relacionam com a empresa virtual, seja através de compras, cadastro espontâneo, contato via e-mail, ou qualquer outra forma de relacionamento on-line, podem ser agrupados em um grande cadastro único, que pode ser utilizado pela empresa da melhor maneira possível. A seguir, damos algumas formas práticas para obtenção de e-mails de internautas que possam vir a ter algum tipo de relacionamento com a empresa virtual ou mesmo com uma empresa tradicional, através de seu website institucional:

- Disponibilizar uma área no website para cadastro espontâneo de usuários ("cadastre-se");

- Inclusão no cadastro de todos os clientes efetivos da empresa;

- Cadastramento de usuários que tenham entrado em contato com a empresa, via e-mail

- Criação de um mecanismo que permita que um internauta indique um amigo ou conhecido para visitar o website ou receber e-mails promocionais ("indique este site" ou "indique um amigo para receber nossas newsletters com promoções e lançamentos");

- Criar campanhas promocionais no website, para incentivar o cadastramento espontâneo. Este tipo de campanha consiste em oferecer aos usuários que se cadastrarem algum benefício (descontos, brindes, etc.);

- Cadastramento obrigatório do nome e e-mail dos usuários que desejem participar de grupos de discussão ou *chats* realizados no ambiente do website da empresa.

É importante ressaltar que o cadastramento de usuários só deve ser feito com consentimento dos mesmos. Desta forma, após o cadastramento de um usuário, o ideal é que este receba um e-mail automático do sistema, dizendo que o cadastro foi realizado e que a partir daquele momento será enviada, regularmente, correspondência via e-mail.

8.2 - MANUTENÇÃO DO CADASTRO DE E-MAILS DE USUÁRIOS

A manutenção de um cadastro de clientes e usuários deve ser feita da maneira mais cuidadosa e regular possível, preferencialmente, uma manutenção diária. É necessário, em primeiro lugar, deixar o cadastro de clientes e usuários sempre atualizado, sem e-mails inválidos ou de clientes que tenham solicitado o cancelamento do envio de correspondência eletrônica. Um backup deve ser realizado sempre que houver qualquer tipo de atualização, para evitar uma eventual perda das informações.

Todos os cadastros novos devem ser agrupados, diariamente, ao cadastro geral, para que um usuário que se cadastre em um determinado dia, possa receber os e-mails comerciais da empresa no próprio dia ou, no máximo, no dia seguinte.

8.3 - SEGMENTAÇÃO E QUALIFICAÇÃO DO CADASTRO

A segmentação de um cadastro de usuários é um fator de grande importância, fazendo com que o valor do próprio cadastro seja maior, pois as possibilidades para a empresa também passam a ser maiores. Um cadastro apenas com e-mails pode ser bastante interessante mas, a partir do momento em que temos também o nome do usuário, torna-se possível uma pequena personalização na correspondência, pois este internauta poderá receber correspondência com seu nome.

Quanto mais completa for a "ficha" de cada usuário, maiores serão as possibilidades de realização de negócios através do cadastro. Tomemos, por exemplo, um cadastro no qual exista a informação do estado de origem de todos os usuários. Desta forma, tornam-se possíveis campanhas regionais mais eficientes. De uma forma geral, as informações mais importantes em um cadastro de usuário são:

- Nome;
- E-mail;
- Endereço completo;
- Telefones de contato;
- Empresa na qual trabalha;
- Área de atuação;
- Profissão;

- Informações sobre escolaridade e renda;
- Interesses relativos à empresa virtual.

Devemos lembrar que um cadastro bem feito deve conter as informações mais importantes para a empresa em questão. Desta forma, cada empresa virtual ou website institucional deve considerar seus próprios interesses na hora de decidir quais os campos deverão ser preenchidos pelos usuários.

8.4 - UTILIZAÇÃO DO CADASTRO DE E-MAILS PELAS EMPRESAS NA INTERNET

Cada tipo de empresa virtual ou empresa tradicional, que também opere na rede mundial de computadores, pode utilizar seus cadastros de usuários de maneiras diferentes. Veja a seguir que tipo de conteúdo é enviado pelos principais segmentos de empresas na Internet:

- Empresas de e-commerce: promoções e novos produtos à venda;
- Empresas de prestação de serviços: material descritivo referente às vantagens dos serviços prestados pela empresa;
- Websites de conteúdo jornalístico: matérias, artigos e notícias, com links para a leitura do material completo no próprio website. O intuito é gerar mais tráfego, tornando-o mais atrativo para os possíveis anunciantes e maximizando o valor do espaço publicitário;
- Websites institucionais: o conteúdo enviado por empresas do mercado tradicional mas que operam na Internet, através de seus websites institucionais pode variar bastante, dependendo da área de atuação da empresa. Entretanto, podemos dizer que o foco principal é atrair clientes para a empresa, que funciona fora da rede e que, desta forma, o envio de correspondência eletrônica pode representar mais uma forma de divulgação da empresa "física" do que uma maneira de gerar negócios diretamente através da rede.

8.5 - TECNOLOGIA UTILIZADA PARA A CRIAÇÃO E UTILIZAÇÃO DE CADASTROS DE USUÁRIOS

Basicamente, as empresas que se utilizam de um cadastro de e-mails de usuários, necessitam de algumas ferramentas de T.I. (Tecnologia da Informação) destinadas à própria existência do cadastro, sua manutenção e envio de correspondência eletrônica.

Os softwares utilizados são muitos, podendo ser sistemas prontos ou feitos sob encomenda. Cadastros simples, que não sejam muito volumosos ou que não contenham um grande número de informações, podem ser gerenciados com o auxílio de uma simples planilha Excel. Com este aplicativo, é possível segmentar o cadastro por qualquer campo e, desta forma, separar os usuários de acordo com algum parâmetro específico, como profissão, cidade, estado, faixa etária, renda, etc.

Para cadastros um pouco maiores e que necessitem de um maior grau de tecnologia, o armazenamento deve ser feito com o auxílio de softwares de bancos de dados. Existem os bancos de dados mais simples, "caseiros", como os que acompanham o sistema Windows da Microsoft. Entretanto, este tipo de banco de dados apresenta uma série de limitações e, dependendo do volume de informações armazenadas, sua performance deixa bastante a desejar.

Os bancos de dados "profissionais", são ideais para serem utilizados por empresas que podem gerenciar toda a base de usuários cadastrados gerando, também, relatórios precisos sobre o perfil de clientes ou usuários do website. A utilização dessas ferramentas deve ser feita através de um software específico e que, na maioria das vezes, é encomendado a um programador ou empresa de desenvolvimento de softwares.

Tendo um cadastro volumoso, atualizado e sempre crescente, qualquer empresa pode utilizá-lo para a geração de novos negócios, principalmente, através do envio de e-mail marketing, ou seja, de correspondência eletrônica via e-mail, o que cria uma nova necessidade: um sistema adequado para o envio de mensagens em grande escala.

Existem diversos sistemas disponíveis no mercado que se propõem a executar esse tipo de tarefa. Esses softwares podem ser adquiridos com facilidade através da própria Internet e realmente podem ser eficientes, mas até certo ponto. O importante na hora de adquirir um software de envio em massa de e-mails é verificar algumas características, avaliando se o sistema será adequado para a necessidade da empresa. As principais características do software que devem ser avaliadas são:

- Capacidade de envio de e-mails: são comuns softwares que só consigam enviar, de uma só vez, apenas 100, 200, 500, 1000 ou 10000 e-mails. Desta forma, se uma empresa necessitar fazer envios em volume superior a esses, deverá escolher softwares que atendam as suas necessidades;

- Formas de envio disponíveis: o sistema pode enviar as mensagens através do servidor terceirizado ou próprio da empresa ou, também, diretamente da máquina da pessoa que administra o banco de dados de clientes;

- Se o sistema identifica e-mails inválidos ou que não existem mais. É muito importante que o sistema de envio de e-mails possa informar quais os e-mails devem ser excluídos definitivamente do cadastro;

- Velocidade de envio das mensagens: existem programas de envio de e-mails em massa que levam ,por exemplo, 2 horas para enviar 20.000 mensagens enquanto outros só conseguem enviar, no mesmo período de tempo, 3.000 e-mails. Dependendo do tamanho do cadastro da empresa, a utilização de programas mais lentos torna-se inviável.

Além dos sistemas prontos, facilmente encontrados na Internet, por valores bastante acessíveis, podem ser utilizados os serviços de empresas que são terceirizadores de serviços de informática, dentre eles, o serviço de envio de e-mail Marketing. Essas empresas, normalmente, dispõem de sistemas bastante eficientes que possibilitam um grande aproveitamento no envio de malas diretas virtuais.

Capítulo 9

CONSTRUÇÃO DE MARCA NA INTERNET

O processo de construção de marca na Internet, apesar de se assemelhar bastante ao existente no mundo "real", apresenta particularidades muito importantes e que não podem ou devem ser ignoradas. Como em qualquer empresa tradicional, uma empresa pontocom precisa conquistar o seu lugar no mercado ou no seu nicho específico. Para tal, é de grande importância que a marca associada ao produto ou serviço seja difundida e se torne um ícone da própria proposta da empresa.

No caso específico de empresas virtuais, uma das principais particularidades é que não só uma marca ou logomarca é relacionada à empresa, mas também uma URL, que é o endereço ou domínio do website da empresa. Todos os domínios comerciais na Internet iniciam com o famoso "www" e apresentam uma terminação .com seguido de mais duas letras que representam o país de origem do website. No Brasil, por exemplo, a grande maioria dos websites comerciais apresentam a terminação ".com.br".

Por ser a URL a chave para que qualquer internauta possa acessar um determinado website, a criação da marca de uma empresa virtual precisa estar intimamente ligada ao seu domínio.

9.1 - FATORES QUE COMPÕEM UMA MARCA

Uma marca é o "cartão de visitas" de uma empresa, sendo muito mais que um simples nome, um logotipo ou um domínio na Internet. A marca é um valor estabelecido pelo mercado para a própria empresa em questão. Uma marca de alto valor é aquela que remete ao público-alvo da empresa uma alta percepção de qualidade de atendimento, de produtos e serviços. Representa a imagem de uma empresa idônea, sólida e que atende de maneira correta seus clientes. Desta forma, podemos dizer que uma marca bem construída representa, para o público, valores exemplares e, por esta razão, é uma marca de grande valor no mercado.

O poder de uma marca bem construída muitas vezes transcende a própria empresa, ou seja, mesmo que uma empresa já não tenha uma qualidade de produtos ou serviços tão elevada, o público poderá, por algum tempo, ainda ter uma alta percepção de valor relacionada a esta marca. Isto acontece até mesmo com empresas que já estão comprovadamente com seus serviços ou produtos comprometidos ou até mesmo em situação financeira precária. Podemos dar como exemplo a Varig, empresa aérea que praticamente faliu, teve quase toda a sua frota desativada e ainda continua com uma marca forte perante o público consumidor.

No caso específico de empresas virtuais, existem várias que se tornaram referências de marcas bem construídas, com alto valor de mercado e grande impacto no público internauta. Podemos citar, no Brasil, marcas fortes como as dos portais Terra, MSN, IG e UOL. No e-commerce, as lojas cujas marcas foram mais solidamente construídas são o Submarino, as Americanas.com e o Magazine Luíza. Nos estados Unidos podemos citar o portal da América online (AOL), a gigante do e-commerce Amazon.com, além dos sites de busca Yahoo.com e Google.com, que também estão na maioria dos países, em versões com a língua local, como acontece no Brasil.

9.2 - PROCESSO DE CRIAÇÃO DE UMA MARCA NA INTERNET

Em primeiro lugar, o nome de uma empresa virtual precisa ser lembrado pelo seu público-alvo com facilidade e da mesma que o domínio associado à empresa. Desta forma, o nome da empresa deve ser, preferencialmente, o mesmo que aparece na URL do website. Temos como exemplo a loja virtual Submarino, cuja URL ou domínio é www.submarino.com.br.

Além disso, a logomarca de empresas virtuais devem fazer menção não só ao nome mas, também, ao domínio utilizado pela empresa. Apesar de existirem empresas cujo nome é totalmente diferente da URL utilizada ou mesmo uma abreviatura, esta prática é considerada muito ineficiente, a não ser que haja uma divulgação maciça da URL em questão mas mesmo assim, ainda não é uma prática muito recomendável.

Podemos citar um gigante da web cuja URL é a abreviatura, em três letras, do nome da empresa: América on line, cuja URL nos Estados Unidos é simplesmente www.aol.com . Esta conseguiu tornar sua URL de acesso tão conhecida quanto a própria empresa e sua logomarca.

9.3 - REGISTRO DE MARCAS E URLs

Após a definição de um nome, logomarca e domínio na web, é necessário que façamos os devidos registros nos órgãos competentes. No caso do nome da empresa, os registros competentes, no Brasil, são as juntas comerciais e o INPI (Instituto Nacional de Marcas e Patentes). Para o registro de domínios, o órgão competente é o Registro.br , ligado ao Ministério das Comunicações e que mantém o intrincado controle de registros e manutenção de URLs criadas no Brasil.

Tanto a marca quanto o domínio precisam ser cuidadosamente escolhidos, pois devem ser facilmente reconhecíveis, memorizáveis e fáceis de escrever, especialmente a URL da empresa pois, caso um cliente não se lembre exatamente do domínio, este poderá até mesmo não conseguir acessar o website em questão.

9.4 - MANUTENÇÃO DE MARCA NA INTERNET

Qualquer marca ou URL deve estar presente na memória dos internautas que façam parte do público-alvo da empresa. Desta forma, de nada adianta fazer uma grande campanha de divulgação da empresa, logomarca e endereço na Internet sem que haja uma constante ação de manutenção da marca e de sua imagem, tanto na Internet quanto em outras mídias.

Na Internet, a manutenção da marca pode ser feita, com bons resultados, simplesmente através da colocação de publicidade on-line tradicional. Publicação de banners em websites que agreguem o público-alvo da empresa é uma forma bastante eficiente de campanha de manutenção de marca.

O ideal é que as peças de publicidade virtual sejam publicadas somente nos principais websites relacionados aos clientes potenciais, de maneira constante com, no máximo, pequenas interrupções na campanha. Os websites utilizados como veículos para as peças publicitárias, devem ser os com maior número de usuários qualificados e que, também, tenham um nome idôneo no mercado.

Uma importante particularidade na manutenção de uma marca na Internet é o fato de que as informações circulam com muita rapidez pelo mundo virtual. Por esta razão, quando um cliente é bem atendido por uma empresa virtual, este poderá gerar um comentário positivo que poderá ser levado adiante em grupos de discussão ou salas de *chat*. Da mesma maneira, um cliente que não tenha sido atendido de maneira adequada poderá "espalhar" rapidamente esta informação pela rede, denegrindo a imagem da empresa e comprometendo o valor da sua marca.

Além disso, é possível, também, que existam campanhas "gratuitas" para denegrir a imagem de uma determinada empresa. Muitas vezes, um cliente insatisfeito ou um concorrente sem escrúpulos pode, facilmente, iniciar uma avalanche de informações negativas sobre uma determinada empresa. Este tipo de ação, alcançando ou não o sucesso desejado, apesar de claramente criminosa, pode ser de difícil localização, ou seja, na maioria das vezes, os seus autores não são detectados no vasto mundo da rede mundial.

A melhor maneira de não ser pego de surpresa por ações negativas deflagradas na rede é navegar, com certa regularidade, nos sites de busca, à procura de notas ou informações sobre a empresa. Desta forma, é possível, não só localizar focos de insatisfação ou de concorrência desleal, mas também avaliar o conceito que a marca da empresa representa para seus usuários.

Capítulo 10

MARKETING VIRAL

O Marketing viral é um conceito que surgiu há poucos anos e que está diretamente ligado ao mundo virtual. É uma forma de divulgação pessoal, de marcas, produtos, serviços, eventos, etc., utilizando ferramentas virtuais, sejam elas quais forem. Sua prática requer muita criatividade pois, se não for criada e executada de maneira precisa, seus efeitos certamente serão pequenos ou inexistentes.

Para os profissionais da propaganda e do Marketing, a criação e o desenvolvimento de campanhas virais na Internet tornou-se um desafio de criatividade e engenhosidade. É uma prática que, no entanto, causa muita polêmica, pois pode ser interpretada como uma campanha sem "assinatura" e, em muitos casos, são utilizadas práticas de aspecto discutível, como o SPAM.

10.1 - CONCEITO DO MARKETING VIRAL

A estratégia básica do Marketing viral consiste em criar uma ou mais peças publicitárias, sem que estas pareçam voltadas para uma ação de Marketing com fins comerciais e sim com intuito de entretenimento. As peças podem ser desenvolvidas nos formatos de vídeo, mensagens de texto, vídeo combinado com áudio ou mesmo texto combinado com áudio. O objetivo é fazer com que o maior número possível de internautas tenha acesso às peças e que estes, ao conhecerem o seu conteúdo, sejam "arrebatados" e gostem tanto do que tenham visto que, apenas por diversão, queiram enviar este conteúdo para seus amigos e conhecidos que, se tiverem a mesma reação em relação ao conteúdo, também repassarão essas peças para outras pessoas, criando uma "infestação" na rede, que pode durar horas, dias, semanas ou meses, atingindo até milhões de pessoas no País e no mundo.

O intuito final de uma campanha de Marketing viral é o de atingir o público alvo da ação, de maneira que não percebam de que se trata de algo comercial mas que, devido ao conteúdo do vídeo ou da mensagem, uma marca, produto ou serviço possa ser eficientemente divulgado. Por esta razão, o intuito comercial deve ser bastante sutil, quase subliminar (apesar de precisar ser eficiente) e nunca pode ser associado à empresa que tenha deflagrado a ação.

É bastante comum que os departamentos de publicidade virtual de agências e empresas que atuam na rede tentem, constantemente, várias ações de Marketing viral, antes que uma delas atinja as expectativas do anunciante. Isto ocorre pelo fato de ser impossível prever a reação do público a uma determinada peça de vídeo ou texto, ou seja, não é possível acertar com freqüência.

É importante ressaltar que as ações de Marketing viral são consideradas como ações de publicidade complementar visando, principalmente, o fortalecimento ou a manutenção de marcas e de participação de produtos no mercado. Apesar de ser possível, não costumam ser eficientes para ações de varejo.

10.2 - A CONTRIBUIÇÃO DO YOUTUBE.COM PARA O MARKETING VIRAL

Desde a criação do Youtube.com, website que possibilita aos internautas a publicação de qualquer tipo de vídeo, fazendo com que toda a comunidade da Web tenha acesso aos vídeos publicados, o Marketing viral tomou um novo rumo e ampliou o seu alcance. Antes do Youtube.com, o marketing viral através de vídeos era difundido, principalmente, pelo envio das peças por e-mail, através de SPAM (e-mail marketing não autorizado pelos receptores). Os servidores dos grandes portais e empresas, entretanto, costumam "filtrar" e-mails que podem ser considerados como uma possível ameaça de vírus (principalmente por conter um anexo suspeito!) e os usuários nem sempre recebiam as peças.

Com a chegada do Youtube.com, as tentativas de marketing viral feitas com vídeos ficaram mais simples e eficientes, pois quem receber um e-mail falando de um determinado vídeo pode acessá-lo diretamente no Youtube.com, sem medo de ter seu computador infectado.

Além disso, este website permite a um número infinitamente maior de internautas ter acesso aos vídeos criados para ações de Marketing viral.

10.3 - O PAPEL DOS GRUPOS DE DISCUSSÃO NO MARKETING VIRAL

Existem milhares de grupos de discussão na Internet, através dos quais pessoas com interesses em comum falam abertamente de temas tão amplos como religião, amor, esportes e, ainda, temas bastante específicos, como engenharia, arquitetura, ciências, história, medicina, etc.

O Marketing viral, dentro desses grupos pode ser bastante eficiente e agir da seguinte maneira: uma pessoa "infiltrada" em um grupo de discussão, sendo de uma determinada empresa ou agência de publicidade, pode começar e "esquentar" discussões sobre determinados produtos, marcas ou serviços prestados por determinadas empresas. Desta forma, o conceito de um produto, por exemplo, poderá crescer perante os internautas participantes.

Esta prática viral, entretanto, pode ser bastante perigosa, pois requer um talento específico da pessoa que deverá implementá-la no grupo, porque o resultado pode facilmente ser negativo, ao invés de positivo, fazendo com que a percepção de valor da marca ou do produto em questão possa ser até mesmo abalada perante o grupo. Ainda, o espectro de atuação desse procedimento costuma somente trazer resultados pouco maiores que o tamanho da própria comunidade da discussão. Raramente o resultado consegue ser extrapolado para outros nichos na Internet.

10.4 - EXEMPLOS DE CAMPANHAS DE MARKETING VIRAL

Por definição, o marketing viral não pode ser sempre associado aos seus verdadeiros autores, o que dificulta uma análise direta de resultados de peças veiculadas na Internet. Ainda assim, podemos avaliar algumas ações que ocorreram na rede e concluir que beneficiaram de maneira direta um determinada empresa, mesmo que esta não tenha sido a autora da ação viral.

Há alguns anos, a jornalista e apresentadora Lílian Witte Fibe, que apresentava um jornal no portal Terra.com.br, teve um ataque de risos incontrolável, ao vivo, e que ficou registrado em vídeo. O vídeo com a cena cômica circulou por milhões de Internautas que tinham a curiosidade de ver o que aconteceu. O vídeo realmente provoca risadas a qualquer um que o assista e, por esta razão, foi largamente difundido na web. Independentemente do intuito na divulgação do vídeo para os internautas, a ação foi muito benéfica para a apresentadora, que voltou a ter seu nome em destaque nas mídias tradicionais e melhor ainda para o portal Terra, que certamente obteve um grande aumento de visitação e audiência no seu canal de notícias.

Outro exemplo de sucesso de ação viral que tenha beneficiado uma determinada empresa foi o caso do vídeo do programa do apresentador João Gordo, na MTV, no qual aconteceu uma briga entre o apresentador e o entrevistado, o ator Dado Dolabella. O vídeo também foi um caso de sucesso de "repasse" na Internet e fez com que o ator alcançasse uma grande exposição em todas as mídias. Para o programa da MTV, o vídeo pode ter representado um aumento momentâneo na audiência.

Além dos casos de vídeos que mostram pessoas famosas em situações "diferentes", o marketing viral pode ser viabilizado com uma simples peça de vídeo, como uma propaganda de TV, mas com um enfoque diferente e que caia sempre para um humor direto, mesmo que relacionado a uma determinada marca ou produto de consumo, desde que este seja de conhecimento do público em geral. Muitas agências simplesmente criam anúncios especialmente para estas ações, esperando conquistar o público, para que as peças sejam bastante difundidas pela rede mundial.

Nas eleições brasileiras, está cada vez mais comum recebermos e-mails de pessoas que não conhecemos, falando bem ou mau de um determinado candidato ou partido. Nestes e-mails, recebemos "informações" tão importantes, que nos é sugerido repassá-las para todos os nossos contatos.

Capítulo 11

RELAÇÕES PÚBLICAS E ASSESSORIA DE IMPRENSA ON-LINE

A Internet se mostrou um ótimo canal para ações de assessoria de imprensa e relações públicas. Empresas de diversos segmentos utilizam várias ferramentas disponíveis na rede para divulgar eventos, produtos, marcas e muito mais.

As empresas tradicionais de serviços de assessoria de imprensa e relações públicas adotaram a Internet de maneira definitiva, incorporando à sua rotina a divulgação de seus trabalhos através da rede. As vantagens da Internet para assessorias de imprensas e relações públicas são grandes mas, principalmente, a velocidade para divulgação de informações tornou-se uma "arma" indispensável para os profissionais dessas áreas.

11.1 - RELAÇÕES PÚBLICAS

A atividade de relações públicas (RP) consiste em disponibilizar para os clientes e funcionários de uma empresa, informações relacionadas às atividades internas e externas e novidades em produtos e serviços. É também o canal de comunicação direta da empresa com seus consumidores e funcionários, podendo ser utilizada como uma fonte de informações para a avaliação de satisfação, interesse, comentários e sugestões, ou seja, um dos principais postos de escuta da empresa.

Nesta atividade, a Internet é utilizada há relativamente pouco tempo pois, na maioria das vezes, o RP de uma empresa se baseava em contatos e informativos enviados via correio, jornais internos para funcionários, quadro de avisos e eventuais comunicados a consumidores feitos através de mídias tradicionais como TV, rádio, jornais e revistas.

Com a internet, foram criadas outras e importantes possibilidades para a otimização dos serviços de RP de uma empresa. Os e-mails para clientes cadastrados são uma ótima forma de enviar comunicados e manter um grau de relacionamento interessante. Esta fórmula também é adotada para o contato com funcionários, principalmente em empresas de maior porte, com um grande número de funcionários que podem receber informativos através de e-mails para suas contas pessoais ou da empresa. Existe, ainda, a possibilidade de que toda a comunicação interna seja feita através de um sistema de intranet, que nada mais é do que uma rede interna da empresa que só pode ser acessada por funcionários cadastrados.

O serviço de Relações Públicas é uma importante ferramenta para o Marketing de relacionamento, pois ajuda a estreitar os laços entre clientes e a empresa. Além disso, também é muito eficiente para uma estratégia de Marketing interno de relacionamento, trabalhando o contato e uma interação mais direta com os funcionários. Este tipo de relacionamento visa atingir maiores níveis de produção e produtividade, criando um clima de motivação entre os funcionários.

Além de sua grande utilidade para estratégias de Marketing de relacionamento, o serviço de relações públicas é imprescindível em muitos casos de gerenciamento de crises de imagem que a empresa possa estar sofrendo. Quando em algum tipo de débito com clientes ou com a sociedade em geral, a empresa, através de seu serviço de relações públicas, deve informar e esclarecer a todos os interessados e à opinião pública os fatos, informando,reconhecendo erros e mostrando as soluções que estejam sendo adotadas para sanar a crise.

Na indústria automobilística, por exemplo, quando as montadoras detectam alguma possível falha em uma peça ou componente de um determinado veículo, tem a obrigação de realizar um *recall* e efetuar a troca da peça. Nestes casos, todos os proprietários de veículos equipados com tal peça, precisam ser comunicados de maneira rápida e eficiente. Para isso, são realizadas campanhas em mídias tradicionais e, também, os clientes são avisados através de comunicados via correio e e-mail, o que acaba sendo, na maioria das vezes, a forma mais rápida e eficiente para o envio desse tipo de correspondência.

Além dos casos de crises momentâneas, o serviço de relações públicas pode ser bastante útil em situações de crescimento e boas notícias. Quando, por exemplo, uma empresa passa por uma boa fase de crescimento, ampliação de suas atividades ou mesmo quando é adquirida ou se funde com uma outra empresa de nome e solidez comprovada, o serviço de relações públicas atua de forma a informar clientes e funcionários, atuando mais uma vez no âmbito de uma estratégia de Marketing de relacionamento.

11.2 - ASSESSORIA DE IMPRENSA

As empresas de assessoria de imprensa são braços terceirizados de empresas de comércio ou serviços que não desejam trabalhar com um departamento próprio para este tipo de serviço. São empresas que tratam da divulgação de eventos, marcas, pessoas e produtos, através do envio de material editorial para veículos que possam vir a publicar informações referentes à divulgação pretendida. Apesar da terceirização deste tipo de serviço ter se tornado a forma mais utilizada no mercado, muitas empresas mantêm um departamento próprio de assessoria de imprensa.

Para as assessorias de imprensa, o contato via e-mail se tornou bastante eficiente, pois é possível enviar, de uma só vez, dezenas ou centenas de sugestões de pauta para jornais, revistas, rádios ou programas de TV.

Após o envio do material para contatos em veículos jornalísticos, os bons assessores de imprensa ainda fazem um "reforço" via e-mail, para que a sugestão de pauta acabe sendo total ou parcialmente publicada.

Desta forma, podemos dizer que o maior aliado do assessor de imprensa é o próprio e-mail mas, ainda, a facilidade de "espalhar" notas e matérias pela rede transcende o simples envio de e-mails. São muitas as possibilidades mas, além das tradicionais, algumas empresas de assessoria de imprensa adotam certas estratégias específicas para a Internet. Podemos citar a participação ou criação de grupos de discussão visando a promoção do seu cliente. É uma estratégia de marketing viral aplicada pelas empresas de Assessoria.

Outra "arma" bastante utilizada por empresas desse segmento, visando a divulgação de informações, é a manutenção de um cadastro de e-mails de pessoas que tenham certa influência em determinados setores, ou seja, de um seleto público formador de opinião, previamente contactado. Desta forma, com um cadastro bem segmentado e atualizado, o assessor de imprensa pode "comunicar" a toda a sua rede de contatos, a realização de um evento, a promoção de lançamento de um produto ou qualquer outra informação, de modo a que as pessoas que recebam esta informação possam passá-la adiante e ainda tornarem-se influenciadores, dentro de um determinado nicho de mercado.

“Os serviços de Assessoria de Imprensa e Relações Públicas ganharam uma nova dinâmica com o uso da Internet.”

Capítulo 12

VENDA DE ESPAÇO PUBLICITÁRIO EM WEBSITES

Antes de prosseguirmos, é importante sabermos que a venda de espaço publicitário em websites é um negócio em expansão e que movimenta somas cada vez maiores, no Brasil e no mundo.

A inserção de publicidade pode ser feita em qualquer tipo de website, independente do modelo adotado. São comercializadas peças publicitárias em sites de conteúdo, institucionais e de e-commerce, o que era até mesmo considerado "errado" nos primórdios da Internet, mas está se mostrando cada vez mais viável e eficiente.

Quando falamos em publicidade na Internet, estamos falando, principalmente, nos banners. Os banners podem ser comercializados em vários formatos, pois não há uma regra ou obrigatoriedade de formato. Por definição, são peças retangulares, que podem conter imagens, textos ou animações, mas que, por se tratar de uma publicidade virtual, seus criadores podem deixar a imaginação "voar" e criar formas mais impactantes para os internautas. Há sempre um link carregado no banner que leva o internauta, que nele clicar, ao website do anunciante ou mesmo a uma página especialmente criada para oferecer um produto ou serviço, também conhecida como *hotsite*. Dependendo do anunciante e do produto, com apenas um clique, o internauta pode conhecer ou até mesmo comprar o produto ou serviço oferecido.

Os formatos publicitários mais utilizados e comercializados nos dias de hoje são os seguintes:

- Full banner: peça retangular, que pode ter uma pequena variação de tamanho, cuja área é determinada em pixels (uma unidade determinada pelo número de pontos de luz em um determinado espaço no monitor do computador). O Full banner pode conter uma imagem estática ou em movimento. Fica posicionado no sentido horizontal, normalmente, nas partes inferiores e superiores dos websites. Podem ser expansíveis, aumentando de tamanho quando passamos o mouse sobre ele. O full banner de um anunciante pode ficar fixo na página do website ou rotacionar com os de outros anunciantes. É o padrão mais utilizado em todo o mundo para publicidade on-line;

- Super banner : é um formato que está sendo utilizado, cada vez mais, principalmente pelos grandes portais verticais. Consiste em um banner “gigante” que utiliza toda a extensão das páginas dos websites, na configuração de 800 pixels. Surte um efeito bem mais contundente nos internautas, sua visibilidade é bem maior e ainda pode ser expansível (aumentar de tamanho, quando se passa o cursor do mouse). Consegue “abocanhar” mais cliques dos internautas do que os full banners padrão;

- Half banner : peça retangular, com cerca de metade do tamanho do full banner. Também pode apresentar imagens estáticas ou em movimento e ficando posicionados, normalmente, na área da lateral direita dos websites. Da mesma forma que o full banner, esta peça também pode ficar fixa nas páginas ou rotacionar com as de outros anunciantes;

- Popup : peça publicitária que pode ser de qualquer tamanho ou formato. Aparece em uma página da web sempre que a acessamos, normalmente na página principal dos websites. Esta peça costuma desaparecer depois de alguns segundos, permanecendo somente o tempo necessário para que o internauta possa ver a mensagem e, se for interessante, clicar na peça e conhecer mais sobre o produto ou serviço que está sendo anunciado;

- Sky ou Tower : peça de formato retangular que fica posicionada verticalmente, normalmente, na lateral direita de websites. Sua área é bem maior que a de um full banner e causa um impacto maior no internauta. Também pode conter imagens estáticas ou em movimento. Não é um formato muito difundido, mas está ganhando espaço devido à demanda das agências e anunciantes;

- E-mail marketing : é um formato publicitário no qual o anunciante cria uma peça no formato de um e-mail, com imagens e links, que remetem a um hotsite ou ao website do anunciante. Esta peça é enviada para clientes ou usuários cadastrados e com qualificação adequada para o serviço ou produto a ser oferecido.

As agências e os websites que comercializam espaços publicitários podem trabalhar, ou seja, comercializar seus banners das seguintes maneiras:

12.1 -VENDA POR IMPRESSÃO OU CPM

O website estabelece um valor para cada 1000 impressões (1 CPM) do banner do anunciante. Cada impressão é, na prática, uma única visualização do banner do anunciante por um internauta, isto é, cada vez que um internauta abrir uma página do website que contenha o banner de um anunciante, será contabilizada uma impressão. Desta forma, se o anunciante quiser que o seu banner seja visualizado, por exemplo, 500.000 vezes, deverá pagar ao website o valor equivalente a 500CPMs, ou seja, 1 CPM equivale a 1000 impressões do banner.

É importante ressaltar que, quando um anunciante contrata sua publicidade utilizando o modelo por impressão, ele pode ter a certeza de que o seu banner irá ser visualizado o número de vezes que foi contratado, independentemente do tempo que isso possa levar. Isto quer dizer que se o anunciante deseja que seu banner seja visualizado 500.000, ele pode ter certeza de que isso vai acontecer, mas não saberá em quanto tempo as 500.000 impressões se esgotarão.

12.2 - VENDA POR PERÍODO DE TEMPO

A forma mais utilizada para a venda de espaço publicitário, atualmente, ainda é por período. Este formato permite ao anunciante contratar um banner em um website por um período determinado de tempo, independentemente do número de vezes que este será visualizado pelos usuários do site. Por exemplo, uma empresa contrata a inserção de seu banner em um determinado website por 30 dias e, desta forma, todas as vezes que algum internauta acessar o website, no período estabelecido de 30 dias, o banner será visualizado.

12.3 - COMERCIALIZAÇÃO DE BANNERS "POR CLIQUE"

É um formato que está cada vez menos sendo utilizado, mais ainda conta com muitos websites trabalhando desta forma. Neste modelo, o anunciante insere seu banner em um determinado website, por um período estabelecido e só paga quando algum internauta, efetivamente, clicar em seu banner. Desta forma, o anunciante pode ter certeza de que só pagará por resultados obtidos e reduzirá significativamente os gastos com este tipo de publicidade.

Este modelo, no entanto, não é interessante para os websites que disponibilizam espaços para anunciantes, pois a receita financeira é bem menor, se compararmos com outros formatos de venda. Este fato está levando, lentamente, este formato à extinção.

Apesar de ser um formato que esteja sendo quase abandonado, algumas empresas, especialmente websites de busca (Google, Yahoo, etc.) e de comparação de preços (Buscapé, Jacotei, etc.) passaram a adotar uma variação deste. Funciona da seguinte maneira: uma empresa virtual interessada em divulgar a venda de torradeiras, por exemplo, "compra" a utilização da palavra-chave "torradeira" no Buscapé. Desta forma, sempre que um internauta acessar o Buscapé e digitar a palavra "torradeira", aparecerá em destaque a propaganda e o link da empresa. O interessante é que, apesar de aparecerem a propaganda e o link, o anunciante só pagará quando o internauta efetivamente clicar no link e for remetido ao website do anunciante.

Por este motivo, podemos dizer que o anúncio propriamente dito é gratuito, mas o "clique" é pago. As empresas interessadas em anunciar neste formato, fazem o pagamento antecipado, referente a um número determinado de cliques. Cada clique gerado faz com que o montante pago antecipadamente seja reduzido, no valor de um clique, até que o saldo seja zerado. Se o resultado for bom, o anunciante certamente continuará com a campanha.

12.4 - E-MAIL MARKETING

Além da venda de banners, outra forma de publicidade muito comercializada por websites em todo mundo, é o envio de mensagens publicitárias por e-mail. Esta modalidade é conhecida como *e-mail marketing*. O *e-mail marketing* pode ser uma das mais eficientes ferramentas publicitárias na Internet. Sua eficiência depende, basicamente, de dois fatores:

- Qualidade da peça publicitária enviada para os destinatários – a mensagem precisa ser direta;

- Qualificação do mailing utilizado (quanto mais direcionado for o cadastro utilizado, maior será a probabilidade de sucesso da ação publicitária).

A empresa precisa ter a capacidade de responder adequadamente ao volume de e-mails que são recebidos, pois campanhas de e-mail marketing acabam gerando um grande número de e-mails de usuários, questionando aspectos do produto ou serviço anunciado.

A capacidade de resposta rápida e satisfatória dos e-mails é de importância estratégica, pois mostra aos usuários a eficiência do atendimento. Caso contrário, a imagem da empresa pode ser prejudicada, gerando desconfiança e perda de credibilidade por parte dos clientes e, conseqüentemente, refletindo negativamente nas vendas.

É importante não "inundar" os clientes com e-mails, pois o envio excessivo pode diminuir a eficácia de uma campanha de e-mail marketing.

A utilização do e-mail marketing por uma empresa virtual pode ser feita de diversas maneiras eficientes, sendo possível agregar ações de marketing direto tradicional (telemarketing e mala direta), obtendo-se bons resultados. Os objetivos do e-mail marketing podem variar, de acordo com o modelo de negócio virtual.

Em empresas de e-commerce (lojas virtuais), o uso do e-mail marketing pode ser feito visando uma ação de varejo, ou seja, oferecer um ou mais produtos a um número determinado de internautas. Também, pode ser feita uma comunicação de cunho institucional, com o objetivo de informar as características da empresa, o(s) tipos(s) de produto(s) comercializado(s) pela loja, formas de pagamento disponíveis ou mesmo uma mensagem institucional, ressaltando a idoneidade da empresa. Para empresas virtuais de prestação de serviços, a utilidade do e-mail Marketing é a mesma que para empresas de comércio eletrônico, apenas com a diferença de serem utilizadas, na grande maioria dos casos, somente mensagens institucionais e não de varejo, apesar de algumas empresas comercializarem certos serviços com características muito semelhantes aos produtos do varejo tradicional.

No caso de websites ou portais de conteúdo (portais verticais, websites de conteúdo dirigido, etc.), o uso do e-mail Marketing apresenta uma utilidade ligada de maneira indireta com geração de lucros. O objetivo principal desses websites, ao utilizarem essa ferramenta tão eficiente, é trazer novos internautas para a "comunidade" de usuários do website e, também, fazer com que os usuários habituais retornem com mais freqüência, além de navegarem por mais tempo no website em questão.

Os cadastros de usuários utilizados nas ações de e-mail Marketing podem ser gerados a partir do próprio cadastro de usuários do website. Este *mailing list* consiste de e-mails e informações referentes a usuários que, espontaneamente, se cadastraram no website ou que realizaram algum tipo de interação com este (compras, consultas on-line, etc.). Os internautas devem ser previamente avisados, no momento do cadastro, que passarão a receber e-mails publicitários provenientes do website no qual acaba de se cadastrar. Este procedimento é muito importante, pois o envio não autorizado é considerado como certa "invasão de privacidade" por muitas pessoas. Além disso, mesmo o usuário que autorizou o envio de e-mail marketing para sua caixa postal, deve ter sempre a opção de desautorizar ou descontinuar o envio de correspondência virtual para sua conta de e-mail.

Além dos cadastros próprios, cuja utilização por empresas de diversos segmentos é rotineira, qualquer empresa virtual ou empresa que possua um website próprio e deseja divulgá-lo na rede pode utilizar cadastros de terceiros. Este procedimento é bastante difundido e consiste em um verdadeiro "aluguel" de um mailig list virtual, como já se faz, há anos, com cadastros de endereços para mala direta tradicional. As empresas que desejam enviar uma peça publicitária através de e-mail, para internautas que não sejam seus usuários, na tentativa de ampliar seus negócios, podem contactar outras empresas que disponibilizem seu mailing list para ações de terceiros. Esta é uma forma bastante interessante, pois é possível "alugar" cadastros bastante direcionados, com um público bem qualificado para a ação que será feita.

Como já foi mencionado, o e-mail marketing é uma ferramenta de Marketing bastante eficiente para atrair novos usuários ou clientes para lojas virtuais e websites de todos os tipos. Entretanto, para empresas virtuais que possuam uma base de cadastrados bastante grande e com um bom grau de qualificação, este cadastro torna-se um ativo bastante interessante, pois o seu valor como mailing list para ser comercializado pode ser bem elevado, ou seja, uma nova forma de gerar recursos.

Capítulo 13

EMPRESAS DE E-COMMERCE

As empresas de comércio eletrônico (e-commerce) são, sem dúvida, uma das "estrelas" do mundo virtual. Além disso, através do e-commerce, fábricas podem colocar seus produtos a venda, diretamente aos consumidores finais, sem a necessidade de utilizarem lojas ou intermediários e empresas de comércio varejista ou atacadista podem realizar vendas para clientes em qualquer parte do Brasil ou do Mundo aumentando muito o número de compradores potenciais.

13.1 - VANTAGENS E DESVANTAGENS DO E-COMMERCE SOBRE AS FORMAS TRADICIONAIS DE COMÉRCIO

Desde o início das atividades empresariais na Internet, o e-commerce foi e continua sendo uma promessa de "igualdade" para empresários de todos os portes, pois independentemente do tamanho da empresa, todas podem ter os mesmos recursos ou capacitação para realizar vendas na rede. As vantagens desta nova forma de comércio são muitas como, por exemplo:

- Baixo custo de implantação tecnológica;
- Possibilidade de impactar consumidores em qualquer lugar do País ou do Mundo;
- Necessidade de espaço físico bastante reduzido;
- Baixo custo de pessoal;
- "Espaço" ilimitado para produtos nas prateleiras;

- Comodidade na compra e entrega dos produtos aos clientes.

Da mesma forma, podemos citar algumas das desvantagens deste tipo de comércio, mesmo sendo consideradas pequenas, diante das muitas vantagens que este modelo apresenta. Vejamos algumas:

- Necessidade de um esquema logístico muito eficiente;
- Dependência tecnológica: a empresa deve estar sempre atenta às mudanças e às novas tendências da tecnologia no meio virtual;
- Operações limitadas apenas aos internautas consumidores.

13.2 - ESTRATÉGIAS MERCADOLÓGICAS PARA EMPRESAS DE E-COMMERCE

As estratégias mercadológicas para empresas de e-commerce são relativamente simples e, basicamente, variam de acordo com o orça-mento destinado a esta área, que é de vital importância. Podemos citar algumas das táticas mais utilizadas pelos empresários virtuais como, por exemplo:

- Loja virtual precisa ser de navegação fácil e o processo de compra simples e claro;
- As políticas de compra, privacidade, condições de pagamento e de entrega, precisam ser bem claras para os usuários;
- SAC (Serviço de Atendimento ao Cliente) precisa ser eficiente, com possibilidade de contato via e-mail e Call Center, no mínimo;
- O cliente precisa contar com o maior número possível de opções de pagamento, como cartões de crédito (de todas as bandeiras), boleto bancário, depósito identificado em conta corrente e outras opções, como débito automático em conta corrente, por exemplo;
- Política de preços competitivos, pois na Internet é muito fácil para os clientes realizarem comparacões;
- Mix de produtos com atrativos definidos e vantagens específicas para o público alvo da loja;
- Logística eficiente, para que os clientes possam ter confiança nos prazos de entrega dos produtos comprados;

- Divulgação eficiente da loja e dos produtos vendidos, seja por meio digital ou através de mídias convencionais.

13.3 - FORMAS EFICIENTES PARA A DIVULGAÇÃO DE EMPRESAS DE E-COMMERCE

A divulgação da loja é um dos itens de maior importância para o sucesso do empreendimento. Sem que haja uma divulgação eficiente, de nada adianta ter uma bela loja, uma logística perfeita e um ótimo SAC. A qualidade e a eficiência da divulgação estão intimamente ligadas ao orçamento destinado para tal mas, independentemente deste, a criatividade é um fator indispensável.

Muitas lojas virtuais, como empresas de qualquer segmento, contratam os serviços de agências de publicidade, que poderão orientar e realizar campanhas mais ou menos eficientes, o que definirá o sucesso de todo o negócio. Entretanto, na maioria das vezes, as empresas dispõem de baixos orçamentos e tratam de desenvolver sua própria divulgação, da maneira mais criativa possível. Muitas são as medidas adotadas pelas lojas virtuais para sua divulgação, publicidade em mídia eletrônica ou convencional, promoções, etc. Entre elas, podemos citar:

- Inserção de banners pagos em sites e portais de todos os tamanhos;

- E-mail marketing;

- Parcerias com outros sites e trocas de banners;

- Utilização inteligente dos sites de busca (Google, Yahoo, Cadê?, etc.), através da compra de key words (palavras-chave);

- Inserir os produtos da loja em sites de comparação de preços (buscapé, jacotei, etc.);

- Divulgação em shopping centers virtuais, como os existentes em grandes portais (shoppings Terra, UOL, IG, MSN, etc.);

- Participação em eventos e feiras;

- Mala direta convencional;

- Publicidade paga em mídias tradicionais (jornais, revistas, TV, rádio, etc.);

- Utilização de mídias alternativas;

- Criação de parcerias com fornecedores, criando canais exclusivos de venda e distribuição e gerando oportunidades de campanhas cooperadas ou totalmente pagas pelos fornecedores;

- Parcerias com associações, entidades de classe, instituições de ensino, etc., oferecendo aos parceiros vantagens nas compras, como descontos, prêmios, brindes, etc.

- Permutas por espaços em mídias pagas.

Como vemos acima, são muitas as formas possíveis de divulgação de lojas virtuais, tanto na própria Internet, quanto em outras mídias. Entretanto, devemos ressaltar que, pelo fato de a Internet não ser somente mais uma mídia e sim o próprio canal de existência das lojas virtuais, podemos dizer que as ações diretas de divulgação na rede devem ser priorizadas e, dentre elas, a publicidade virtual mais tradicional, feita com anúncios em banners espalhados pela rede e, especialmente, a inserção da loja virtual em um ou mais shoppings virtuais, preferencialmente os estabelecidos em grandes portais verticais, como o Terra, MSN, IG, UOL, etc.

O fato de uma loja virtual figurar em um grande shopping center on-line pode significar toda a diferença para a empresa de e-commerce, pois a loja passa a ser exposta a um enorme número de internautas e compradores potenciais. Os números de vendas desses shoppings na rede crescem bastante todos os anos, tornando esta forma de divulgação cada vez mais atraente para os lojistas virtuais.

O mercado atual, para empresas de e-commerce, está cada vez mais competitivo e difícil, apesar de ainda haver muito espaço para novos entrantes. Entretanto, existem alguns nichos ou fatias do mercado de comércio virtual que já estão quase saturados, devido à existência de grandes empresas operando.

Podemos ressaltar o nicho de lojas de departamento on-line, no qual encontramos, no Brasil, empresas virtuais como o Submarino.com, Americanas.com, PontoFrio.com e muitas outras. Por essa razão, a possibilidade de sucesso de novos entrantes neste mercado específico é bastante reduzida. O mesmo ocorre no segmento de livrarias virtuais, com a presença dos "pesos pesados" Siciliano, Saraiva, Livraria Cultura e das lojas virtuais de departamento que também comercializam livros, como o Submarino.com.

Entretanto, na maioria dos segmentos de e-commerce, ainda há espaço para novos e lucrativos empreendimentos. Com um número crescente de internautas e o processo de inclusão digital, em poucos anos, o número de consumidores na rede brasileira será muito maior, possibilitando o aumento das vendas e a consolidação de muitas empresas de e-commerce dos dias de hoje.

Capítulo 14

ESTRATÉGIAS DE VAREJO PARA LOJAS VIRTUAIS

Como em uma loja real, todas as lojas virtuais precisam traçar claramente suas estratégias de varejo, ou seja, como vender mais, quais os produtos a serem oferecidos, as margens de lucro por produto e da empresa, como atingir seu público alvo, etc. Entretanto, quando se trata de uma loja virtual, as estratégias de varejo passam por outros caminhos, principalmente pela estrada da tecnologia. Devemos partir sempre da premissa de que, para uma loja virtual obter sucesso nas suas operações, deverá contar com um bom suporte tecnológico. Desta forma, podemos listar os principais tópicos para que uma empresa obtenha sucesso com vendas a varejo na Internet:

- Criar um *Mix* de produtos variados, com itens que vão dos mais consagrados no mercado a produtos diferenciados, colocando à disposição dos clientes artigos inusitados ou difíceis de encontrar no mercado "real";

- Obter uma boa negociação com fornecedores, pois de nada adianta oferecer ao público produtos que podem ser encontrados em outros lugares, com preços mais baixos. È importante lembrar que a loja virtual deverá VENDER e não ser apenas uma vitrine para produtos de diversos fabricantes;

- Disponibilizar todas as formas de pagamento possíveis (cartões de crédito, débito, boleto bancário, etc.) e, dependendo do *ticket* médio da loja, oferecer possibilidade de financiamento. Para isso, deve ser contratada uma instituição financeira que atue como parceira nas vendas a crédito;

- Como em uma loja "real", as vitrines de uma loja virtual precisam ser bonitas, atraentes e eficientes. Para isso, são indispensáveis imagens de boa qualidade dos produtos e descrições completas, mas que tenham um claro apelo de venda. Devem ser evitadas descrições do tipo extremamente técnico para produtos voltados para o grande público (por ex. televisões, roupas, cama-mesa-banho, presentes, etc.), assim como descrições muito simples para produtos que são comprados por clientes qualificados em algum determinado setor técnico (por ex. produtos hospitalares, equipamentos para engenharia, etc.);

- Toda a publicidade deverá ser voltada para o varejo virtual, ou seja, sempre oferecendo produtos, nunca sendo institucional (a não ser como estratégia de inauguração ou, eventualmente, em campanhas para fortalecimento da marca). Por esta razão, em qualquer mídia que seja veiculada uma peça publicitária, esta deverá enfatizar a qualidade de um ou mais produtos determinados, o preço (que precisa ser muito competitivo), as condições de pagamento (opções de parcelamento) e a facilidade de ser feito um pedido e de receber a compra em casa, com toda a comodidade que as empresas virtuais podem oferecer.

14.1 - O PROCESSO DE VENDA EM UMA LOJA VIRTUAL

O processo de venda é o centro das operações de uma loja virtual, assim como em uma loja tradicional. As etapas do processo, no entanto, apresentam características diferenciadas. O mais importante é fazermos uma análise de todo o processo, pois nele não pode haver falhas, sob pena de condenar toda a operação ao fracasso. Ao contrário, quando o processo de venda é eficiente, a loja virtual atingirá um alto conceito perante os seus clientes, o que poderá criar um círculo virtuoso, fazendo com que as vendas cresçam e a percepção de valor e de qualidade da loja seja concretizada no mercado.

As etapas do processo de venda, em uma loja virtual, são as seguintes:

- Canal de venda (loja virtual);

- Captura de pedidos;

- Processamento dos pedidos;

- Recuperação de pedidos;

- Controle de estoque ou aquisição de mercadorias;

- Expedição ou despacho dos pedidos;
- Rastreamento dos pedidos enviados;
- Confirmação das entregas;
- Pós-venda.

Cada etapa do processo de venda deve ser realizada com a máxima eficiência, pois se trata de uma cadeia de eventos interligados e se uma das etapas estiver com sua eficiência comprometida, todo o processo também estará. Desta forma, pessoal treinado, capacitado e com força de trabalho é indispensável para o sucesso das operações.

Para avaliarmos e entendermos melhor cada etapa do processo de venda do e-commerce, veremos a seguir um detalhamento de todas as etapas.

14.1.1 - CANAL DE VENDA (LOJA VIRTUAL)

Esta é a etapa inicial, na qual o consumidor acessa a aloja virtual, navega, procura por um ou mais produtos, toma a decisão e faz o pedido. A eficiência desta fase deve-se exclusivamente ao sistema da loja, que precisa ter um layout agradável, fácil navegação, descrição detalhada dos produtos com imagem e formas de pagamento diversificadas (boleto bancário, cartões de crédito, depósito em conta, etc.), inclusive com opção de parcelamento das compras.

14.1.2 - CAPTURA DE PEDIDOS

Logo após o cliente ter se decidido por um ou mais produtos, optado por uma forma de pagamento, preenchido uma ficha de cadastro com informações pessoais e local de entrega, o sistema verifica se o pagamento pode ser feito on-line, através de cartão de crédito ou débito e, se for este o caso, concluir o processo de pagamento através do sistema on-line da administradora do cartão. Se a opção de pagamento for boleto bancário ou depósito em conta corrente, o pedido fica com o status de "pendente", até que seu pagamento efetivo seja confirmado. Todos os pedidos válidos efetuados na loja são transferidos para uma área do sistema, cujo acesso é feito pelos encarregados do processamento dos pedidos.

14.1.3 - PROCESSAMENTO DOS PEDIDOS

Depois de confirmado o pagamento, os responsáveis pelo processamento devem preparar todas as informações necessárias para que a expedição do pedido seja feita. O processo consiste, basicamente, na emissão de nota fiscal e solicitação do(s) produto(s) ao estoque. Após estes procedimentos, a nota fiscal e produto(s) são enviados para a expedição.

14.1.4 - RECUPERAÇÃO DE PEDIDOS

Quando um pedido realizado por um cliente não tem o seu pagamento efetuado, ou seja, quando a compra não foi autorizada pela administradora do cartão de crédito ou quando o boleto bancário não foi pago dentro do prazo estabelecido, por exemplo, o pedido não é considerado como efetivado e, portanto, continua no status de "pendente". Nestes casos, a loja virtual pode entrar em contato, via e-mail ou telemarketing ativo e oferecer outras opções de pagamento. Desta forma, muitas compras que não foram efetivadas podem ser recuperadas.

14.1.5 - CONTROLE DE ESTOQUE E AQUISIÇÃO DE MERCADORIAS

Ao receber a informação de que um determinado produto foi vendido e precisa ser despachado, os responsáveis pelo estoque precisam verificar a disponibilidade do item e enviá-lo à expedição. Depois, dependendo da quantidade do item no estoque da loja, é feito um pedido ao fornecedor para a reposição das peças vendidas. Este é o modelo de empresas que optam por manter estoque, como em uma loja tradicional.

No caso de empresas de e-commerce que optam pelo típico modelo de venda virtual, ou seja, empresas que não mantenham estoque físico, ao ser informado da efetivação de um pedido, o responsável pelas compras, entra em contato com o fornecedor do produto vendido e faz a compra. Após a chegada da mercadoria, esta é enviada para a expedição.

14.1.6 - EXPEDIÇÃO OU DESPACHO DE MERCADORIAS

A expedição é responsável pelo envio da mercadoria vendida para o cliente. Após receber o produto vendido e a nota fiscal, os responsáveis pela expedição acondicionam o produto em embalagem compatível e contactam a empresa responsável pelo envio ao cliente, que pode ser uma transportadora rodoviária, aérea, o correio ou uma empresa terceirizada de entregas, que trabalhe com diversas formas de envio.

14.1.7 - RASTREAMENTO DOS PRODUTOS ENVIADOS

Depois do despacho do pedido, a empresa responsável pela entrega fornece um número (conhecimento) através do qual a empresa de transporte pode informar, a todo o momento, onde está a mercadoria despachada e qual a previsão de entrega ao cliente. Muitas empresas de transporte de mercadorias, inclusive os correios, possuem um sistema de rastreamento via Internet, possibilitando aos lojistas virtuais saberem aonde está a mercadoria vendida e informar ao cliente, quando necessário, onde está a sua encomenda e qual a previsão de entrega.

14.1.8 - CONFIRMAÇÃO DAS ENTREGAS

Quando um produto for entregue, a transportadora responsável pela entrega deverá fornecer um comprovante de entrega, assinado pelo cliente ou alguém que resida ou trabalhe no endereço de entrega fornecido pelo cliente. Ter a confirmação de entrega é vital para a empresa de e-commerce, para que não haja problemas legais ou alegações por parte de clientes que suas compras não foram entregues. Além disso, com a confirmação da entrega, é possível avaliar o tempo exato entre o despacho e a entrega efetiva do produto vendido.

14.1.9 - PÓS-VENDA

Na etapa conhecida como pós-venda, ou seja, após todo o processo de venda, despacho e efetivo recebimento do pedido pelo cliente, a loja poderá, se necessário, prestar auxílio ou mesmo solucionar possíveis problemas dos clientes. Entre as possibilidades, podemos destacar quando o cliente recebe um produto defeituoso e necessita trocá-lo, como garante a legislação do consumidor (Código de Defesa do Consumidor). Em situações como esta, a loja virtual deverá providenciar meios para que o cliente tenha a mercadoria trocada o mais rápido possível.

Entretanto, muitas vezes, clientes podem não agir de maneira correta e tentar trocar mercadorias que tenham chegado intactas mas que foram danificadas pelo mau uso. Nestes casos, o lojista deverá tomar as devidas precauções para também não ser prejudicado. Isto pode ser feito pela análise do produto no local da entrega, avaliando as condições da mercadoria. Se o problema for claramente de má utilização, ou seja, se a culpa for do cliente, a loja devera optar por trocar a mercadoria de qualquer maneira (apenas na tentativa de "agradar" e fidelizar um cliente) ou simplesmente não efetuar a troca. De uma maneira geral, podemos dizer que o melhor é sempre trocar a mercadoria, mesmo que a culpa da avaria seja do cliente. É uma forma de manter a imagem de bom atendimento e fidelizar clientes.

Ainda na pós-venda, existem outras possibilidades interessantes, como um telemarketing ativo com uma consulta ao cliente sobre o seu grau de satisfação na compra que efetuou. Além de ser um procedimento que mostra ao cliente o interesse da loja na sua satisfação, também é um importante posto de escuta, uma forma de obter informações valiosas sobre o comportamento dos clientes.

14.2 - COMPOSTO VAREJISTA TRADICIONAL E VIRTUAL

Como em todas as empresas do varejo tradicional, as empresas de e-commerce ou lojas virtuais precisam ser geridas de maneira eficiente, utilizando-se as estratégias de marketing varejista tradicionais, combinadas com as especificamente direcionadas para o universo virtual. Entretanto, de uma maneira geral, podemos dizer que as variáveis do composto varejista tradicional se aplicam da mesma maneira ao mundo virtual, como veremos a seguir:

- Mix de produtos - variedade e qualidade dos produtos ofertados;
- Preços - composição dos preços dos produtos vendidos;
- Promoção - propaganda, ofertas, sinalização;
- Apresentação da loja - aparência e layout;
- Pessoal - qualidade de atendimento, rapidez e serviços prestados;
- Ponto - localização, acesso, visibilidade.

A comparação das variáveis do composto varejista usado em empresas varejistas tradicionais e virtuais é bastante clara. Sem que estes tópicos sejam bem resolvidos, o e-commerce não poderá ser realizado de maneira satisfatória, incorrendo em possíveis prejuízos para a empresa.

14.2.1 - MIX DE PRODUTOS NO VAREJO VIRTUAL

Um dos fatores limitadores para um mix de produtos maior nas lojas físicas é justamente sua natureza "física", isto é, nunca há espaço físico suficiente para ser armazenado um número muito grande de itens. Além disso, o tamanho da loja é um fator limitante para o número de produtos expostos ao público consumidor. Isto não ocorre, no entanto, nas lojas virtuais, que podem trabalhar com o estoque terceirizado e entregar os produtos vendidos, com agilidade e dentro dos prazos acordados com os clientes e, ainda, por se tratar de uma loja virtual, as vitrines virtuais permitem um número infinito de produtos cadastrados e devidamente expostos aos internautas. O mix de produtos ideal não encontra limitações dentro do foco de atuação da empresa.

14.2.2 - PREÇOS - COMPOSIÇÃO DE PREÇOS DOS PRODUTOS VENDIDOS

Como em qualquer loja varejista ou qualquer tipo de comércio, as operações de compra e venda devem sempre apresentar um resultado positivo, ou seja, trazer lucro para a empresa. Desta forma, a definição dos preços de venda dos produtos deve ser feita com toda a cautela e levando-se em consideração os seguintes itens:

- Preços de custo;
- Impostos;
- Comissões;
- Custo fixo operacional;
- Fretes;
- Embalagens;
- Custos financeiros

14.2.3 - PROMOÇÃO - PROPAGANDA, OFERTAS E SINALIZAÇÃO

As estratégias promocionais de empresas tradicionais e das virtuais podem diferir bastante, pois as ações promocionais feitas, especialmente no ponto de venda "físico", são completamente diferentes das realizadas em espaços virtuais. As empresas de varejo tradicionais possuem um espaço "físico" no qual expõem seus produtos e no qual seus clientes transitam, fazendo com que haja a possibilidade de uma abordagem mais direta e agressiva por parte da loja.

As empresas virtuais, por não disporem de um espaço físico e os clientes não poderem ser abordados diretamente por vendedores ou promotores de vendas, precisam utilizar estratégias mais criativas e diferenciadas. Estas estratégias são compostas por inúmeros detalhes que podem levar ao interesse do internauta num determinado produto. Podemos citar, entre as estratégias mais utilizadas, as seguintes:

- Campanhas publicitárias em mídias convencionais, informando sobre produtos, preços, formas de pagamento e fornecendo o endereço eletrônico da empresa;
- Divulgação da loja, produtos e promoções na própria Internet, com banners espalhados em websites que possam direcionar tráfego para a loja virtual e o uso do e-mail marketing;

- As ofertas ou preços promocionais devem estar claramente sinalizados nas páginas dos produtos e, também, nas vitrines da loja e em todas as peças publicitárias, tanto as veiculadas em mídias tradicionais, quanto as que forem publicadas na própria Internet.

14.2.4 - APRESENTAÇÃO DA LOJA - APARÊNCIA E LAYOUT

As lojas virtuais, da mesma maneira que as lojas tradicionais, precisam disponibilizar para seus clientes um ambiente agradável, bonito e cuja funcionalidade do processo de compra seja bastante eficiente. O layout de uma loja de varejo é um dos fatores de grande influência no processo de compra do cliente. Se a aparência da loja tradicional remeter a uma imagem de varejo popular, por exemplo, clientes de maior poder aquisitivo e nível social, poderão não se sentir à vontade para comprar naquele espaço.

De uma maneira mais sutil, o layout de uma loja virtual pode passar ao internauta uma percepção de valor da empresa maior ou menor. Isto ocorre, basicamente, por comparação com as grandes empresas que se tornaram referência no mercado virtual de varejo. Com isso, se um internauta perceber uma relação clara entre o layout de uma determinada loja virtual com o das Americanas.com , Submarino, Livraria Saraiva, etc., por exemplo, este desenvolverá uma forte percepção de que a loja virtual em questão deva ser grande, confiável e com preços adequados.

14.2.5 - PESSOAL - QUALIDADE DE ATENDIMENTO, RAPIDEZ E SERVIÇOS PRESTADOS

Para empresas do mercado tradicional, quando um cliente entra na loja, encontra o que procura, por um preço justo, e leva a mercadoria no ato da compra, mesmo que o atendimento por parte dos funcionários da loja não tenha sido bom, é provável que este cliente acabe voltando às compras nessa mesma loja.

No caso de lojas de varejo virtual, mesmo que o internauta encontre o que procura, também por um preço justo, se o atendimento por parte da loja virtual não for satisfatório, é muito provável que o usuário não mais retorne e que, ainda, a recomende negativamente aos seus conhecidos. Isto ocorre pelo fato de que a loja virtual não pode ser realmente “visitada” e que o internauta só tem condições de fazer maiores avaliações no que diz respeito ao tratamento que tenha recebido das pessoas que o tenham atendido. Por esta razão, é vital que todos os contatos telefônicos com os clientes devam ser cordiais e que de uma maneira ou de outra, o cliente saia com seu problema resolvido. Isto também se aplica às outras formas de contato, como o e-mail, cujas respostas devem ser enviadas sempre com a maior presteza e clareza.

O atendimento é um dos fatores críticos para o sucesso de qualquer loja de varejo virtual e inclui, especialmente, o prazo de entrega. Uma loja virtual de varejo não pode prometer, por exemplo, prazos para a entrega de mercadorias e não os cumprir.

14.2.6 - PONTO - LOCALIZAÇÃO, ACESSO E VISIBILIDADE

No comércio varejista tradicional, a localização ou o ponto no qual a loja é estabelecida podem fazer toda a diferença para as empresas, pois um bom ponto comercial significa, invariavelmente, uma boa possibilidade de realizar muitas vendas.

Nas empresas de e-commerce, entretanto, o fato de não haver uma localização física implica na necessidade de uma divulgação mais maciça da existência da loja. Apesar disso, de certa forma, podem existir "pontos comerciais" na Internet. Estes pontos são os shoppings virtuais, como os shoppings dos portais Terra, UOL, MSN, IG, etc. Nestes casos, os portais cobram um valor mensal das lojas virtuais, que acabam se beneficiando do grande tráfego de usuários, da mesma forma que qualquer loja física pode se beneficiar de um ponto comercial dentro de um grande shopping center.

Esses shoppings virtuais podem beneficiar lojas virtuais que comercializem produtos de consumo geral, como eletro-eletrônicos, produtos para cozinha, cama-mesa e banho, etc. No caso de lojas virtuais que comercializem produtos voltados para determinados nichos específicos como, por exemplo, para profissionais das áreas de medicina, veterinária, agronomia, etc., ou produtos para o homem do campo, a inserção da loja virtual em um shopping de portal poderá ser uma experiência sem sucesso.

"As estratégias de varejo para o e-commerce consistem, basicamente, em uma adaptação para o mundo virtual das estratégias utilizadas pelo varejo tradicional."

Capítulo 15

OPÇÕES DE PAGAMENTO PARA VENDAS VIRTUAIS

Os websites de e-commerce ou lojas virtuais, para que obtenham sucesso, dependem diretamente das formas de pagamento que disponibilizam aos seus clientes. É vital que sejam disponibilizados aos clientes formas de pagamento à vista e parceladas.

Todas as grandes lojas virtuais, tanto no Brasil quanto no resto do mundo, oferecem uma enorme variedade de formas de pagamento, para que todos os seus clientes possam, de alguma forma, comprar os produtos com segurança e da melhor maneira possível.

Cada forma de pagamento apresenta características diferentes, podendo ser mais ou menos vantajosa para o lojista virtual e para seus clientes. O que varia, basicamente, são os custos financeiros impostos pelos bancos, financeiras e administradoras de cartões de crédito e débito. Cada loja virtual precisa ter meios de pagamento que possam ser adequados aos seus clientes e, ainda, economicamente viáveis para a loja. Desta forma, poderão ser utilizadas pelos clientes as seguintes modalidades de pagamento:

15.1 - BOLETO BANCÁRIO

Ao finalizar sua compra, o cliente opta por pagamento à vista, com boleto. O sistema gera um boleto bancário que o usuário pode imprimir e pagar em qualquer banco ou, ao invés de imprimi-lo, basta utilizar a numeração do boleto para pagá-lo através do website de qualquer banco, no qual o cliente possua conta corrente. Após o pagamento do boleto, o lojista virtual recebe a confirmação do pagamento em até 2 dias úteis, dependendo do banco utilizado.

Alguns websites trabalham com cobrança através de boleto enviado junto com a mercadoria, ou seja, o cliente recebe o produto que selecionou e só pagará o valor referente após receber a encomenda. Este sistema de cobrança pode ser bastante perigoso para o lojista virtual, pois o grau de inadimplência poderá ser alto, trazendo grandes prejuízos. É uma opção interessante, basicamente, para tipos bastante específicos de lojas virtuais, aquelas nas quais as vendas são realizadas somente para clientes previamente cadastrados, cuja análise de crédito já tenham sido realizada.

A cobrança por boleto bancário é uma forma barata de receber o valor pago pelos clientes da loja virtual. Além de ser um sistema prático e seguro, no qual o pagamento é, normalmente, recebido à vista, o lojista só tem um custo adicional, que é o valor cobrado pelo banco para o recebimento do boleto, um valor fixo e que não incide de maneira relevante no tíquete médio da maioria das lojas virtuais. O lojista poderá, se assim o desejar, acrescer o valor do boleto no valor total da compra.

Para muitos clientes de lojas virtuais, a opção de pagamento através de boleto bancário é considerada uma das mais seguras, pois ainda há muitos internautas "desconfiados" e que preferem não comprar com cartões de crédito ou débito em lojas virtuais. Essa desconfiança se dá pelo fato de ter havido, no decorrer da existência da Internet, alguns casos de fraudes e clonagens de cartões de clientes de lojas virtuais, realizadas por *hackers*. Esses casos, muito esporádicos, não ocorrem em lojas com protocolos eletrônicos de segurança, como no caso de todos os grandes varejistas virtuais. No caso do pagamento através de boleto, o cliente da loja virtual não informa nenhuma senha ou informação confidencial que poderiam ser utilizadas de alguma maneira criminosa ou que, remotamente, pudesse gerar algum prejuízo.

15.2 - CARTÕES DE CRÉDITO

O cartão de crédito é, certamente, a forma de pagamento mais utilizada por todos os internautas consumidores de produtos em lojas virtuais. Cerca de 80% de todas as compras realizadas na Internet são feitas com a utilização de cartões de crédito, como forma de pagamento.

Este sistema é bastante seguro e eficiente para lojistas e seus clientes, pois permite que o lojista tenha certeza do recebimento de todos os valores referentes a compras aprovadas pelas administradoras, ou seja, a inadimplência praticamente não existe. Além disso, é a forma mais fácil de parcelamento de compras on-line, pois o cliente pode escolher, no momento da efetivação do pedido, em quantas parcelas deseja pagar sua compra.

A loja virtual deverá disponibilizar aos clientes a opção de compra via cartão de crédito de todas as bandeiras disponíveis no mercado (Visa, Mastercard, Diners e American Express). Através da compra por cartões de crédito, os clientes poderão, também, parcelar suas compras. Cada loja virtual deve avaliar as condições de parcelamento que são economicamente viáveis.

Algumas lojas virtuais disponibilizam opções de pagamento parcelado de 2 a 12 vezes, com ou sem juros. Para o lojista, esta forma de pagamento apresenta um custo relativo à taxa administrativa, cobrada pela empresa administradora do cartão de crédito. Cada administradora aplica tarifas diferenciadas. Quando o pagamento de um pedido é feito com um cartão de crédito, o lojista recebe a confirmação imediata do pagamento, agilizando ainda mais o envio da mercadoria vendida.

Esta forma de pagamento, apesar de ser a mais utilizada pelo e-commerce, é a que mais onera financeiramente a empresa virtual. Isso ocorre porque as administradoras de cartões de crédito cobram um valor sobre todas as vendas realizadas, a taxa administrativa. A taxa administrativa cobrada é uma porcentagem do valor total da venda, incluindo o valor final do produto e o frete, quando houver. A porcentagem referente à taxa administrativa, pode variar para cada administradora de cartão e pode ainda, ser negociada de acordo com o volume de vendas da loja virtual.

15.2.1 - PARCELAMENTO DE COMPRAS COM CARTÕES DE CRÉDITO

Cada loja virtual determina, através do seu sistema de carrinho de compras, em quantas parcelas os pedidos podem ser pagos, dependendo do cartão de crédito escolhido pelo cliente. Desta forma, é possível, por exemplo, que uma loja disponibilize a venda de seus produtos em 12 vezes no cartão Visa e somente em 6 vezes no Mastercard.

As vendas parceladas com cartões de crédito podem ser feitas sem juros aparente (é muito comum os lojistas embutirem os juros referente às compras no preço final do produto) ou com juros, que pode ser cobrado pela loja ou pela administradora do cartão.

Quando os juros são cobrados pela própria loja virtual, esta avisa ao cliente que o preço do produto passa a ser outro (mais caro) para compras parceladas com o cartão. A loja vende o produto mais caro e recebe o valor total (valor do produto + juros cobrados) da administradora, dividido no número de parcelas que o cliente solicitou. O lojista recebe, neste caso, o pagamento integral dos produtos vendidos ou a primeira parcela em um prazo de 30 dias, dependendo da administradora do cartão. As demais parcelas são creditadas na conta do estabelecimento virtual a cada 30 ou 31 dias.

Outra opção de parcelamento através de cartão de crédito, é o realizado pela própria administradora do cartão. Quando o cliente está finalizando a sua compra e decide optar pelo pagamento parcelado, é informado que serão cobrados juros e o valor da parcela é calculado de acordo com a taxa de juros que cada cartão de crédito cobra de seus clientes. Neste sistema de parcelamento, o lojista recebe o valor integral do produto vendido (sem juros), no prazo de 30 dias após a data da compra.

15.2.2 - ANTECIPAÇÃO DE RECEBÍVEIS DE CARTÕES E CRÉDITO

Quando um estabelecimento de e-commerce trabalha com vendas parceladas nos cartões de crédito e recebe o valor das parcelas uma a uma, com intervalo de 30 a 32 dias entre uma e outra, poderá haver um descompasso do fluxo financeiro da empresa. Este descompasso ocorre porque, enquanto o lojista virtual recebe as parcelas de uma venda realizada em, digamos, 6 vezes (180 dias para receber o valor total), o pagamento a fazer ao fornecedor da mercadoria deve ser realizado no prazo de, por exemplo, 28 ou 30 dias.

Nestes casos, ou o lojista dispõe de recursos próprios para financiar a venda parcelada ou recorre à antecipação dos recebíveis do cartão de crédito utilizado pelo cliente. É um recurso bastante utilizado por empresas de e-commerce, especialmente as de pequeno porte.

O grande problema deste tipo de financiamento de vendas é que os custos cobrados pelas administradoras ou bancos para antecipação de recebíveis é relativamente elevado e, para não ter prejuízos, o lojista virtual precisa embutir as taxas referentes à antecipação dos recebíveis no preço das mercadorias, tornando seus produtos menos competitivos no mercado ou, até mesmo, inviabilizando a comercialização de alguns produtos.

Como o custo da antecipação das vendas varia bastante, de acordo com a administradora de cartão e ainda pode existir uma negociação específica para reduzir os custos financeiros, é comum vermos em uma loja virtual um determinado produto, que pode ser adquirido com pagamento parcelado em um cartão de crédito, mas que só pode ser comprado em uma única parcela, em outro cartão.

15.3 - CARTÕES DE DÉBITO

Existem alguns bancos que disponibilizam para lojas virtuais um sistema de débito automático ou cartões de débito para compras on-line. O lojista virtual deve se informar junto aos principais bancos e conhecer as condições oferecіdas por cada um deles. Nesta modalidade o cliente paga suas compras na loja virtual à vista e o valor é debitado, automaticamente, da conta do cliente e creditada na conta da empresa de e-commerce.

Existem alguns bancos que disponibilizam para os lojistas virtuais, também, uma modalidade de débito em conta programado e parcelado. Nesta modalidade, o cliente efetua a compra e programa as datas dos débitos que ocorrerão em sua conta. Assim que os débitos são feitos pelo banco, os valores são automaticamente creditados na conta da loja virtual. Nesta modalidade, o lojista pode confirmar um pagamento em até 1 dia útil após a realização da compra.

Além dos cartões de débito exclusivos dos bancos, existem também os cartões de débito das administradoras de cartões de crédito. Esses cartões são os mais aceitos no comércio, especialmente o VISA Electron e o seu concorrente da Redecard (administradora dos cartões Credicard e Diners), o Maestro.

Quando uma loja virtual opta por disponibilizar aos seus clientes um ou mais cartões de débito, a empresa de e-commerce precisa, primeiramente, efetuar o cadastramento do estabelecimento na administradora do cartão, para operar com o sistema de débito.

O sistema de tecnologia utilizado deve ser, necessariamente, o de transação on-line, ou seja, quando o cliente define a opção de pagamento pelo cartão de débito, as telas que a ele serão mostradas, nas quais são solicitadas todas as informações necessárias, como número do cartão e senha pessoal, não estão hospedadas ou instaladas na loja virtual e sim em um ambiente totalmente seguro do servidor da própria administradora do cartão de débito.

Com a utilização desse sistema, todas as informações secretas dos clientes ficam totalmente protegidas e nem a administração da empresa de e-commerce tem acesso a elas. O lojista virtual, nesse tipo de compra, é informado somente do status da forma de pagamento, ou seja, se o débito do cartão do cliente foi autorizado pela instituição financeira ou não e, no caso da resposta ser afirmativa, o crédito é feito na conta da empresa, sendo descontado do valor a taxa administrativa que varia para cada empresa.

15.4 - CARTÕES BANCÁRIOS DE PARCELAMENTO DE COMPRAS

Existem alguns bancos no mercado que disponibilizam aos seus clientes uma opção de compra de produtos, de forma parcelada, através da utilização de um cartão específico para esta finalidade. Se a loja virtual estiver habilitada a trabalhar com estes cartões (deverá firmar acordo com cada um dos bancos que operam com este tipo de cartão), o lojista recebe o valor da compra à vista (através de um crédito feito pelo banco após o prazo de 30 dias), enquanto que o cliente pagará parceladamente, diretamente ao banco.

Os cartões de parcelamento de compras podem ser exclusivos para esse fim ou estarem "agregados" ao próprio cartão do banco do cliente, que também pode servir como cartão de crédito e de débito. A cobrança de juros, sobre o valor parcelado, é feita diretamente pelo banco emissor do cartão. Por essa razão, os lojistas virtuais não recebem o valor dos juros e sim o valor do produto comprado, descontada a taxa administrativa.

15.5 - DEPÓSITO EM CONTA CORRENTE

Esta é outra opção muito procurada por clientes de lojas virtuais. O cliente realiza sua compra e recebe a informação com o número da conta corrente da empresa de comércio eletrônico. O produto adquirido só é enviado ao seu comprador após a devida identificação do depósito.

Para que o lojista não tenha maiores problemas na identificação dos pagamentos, a melhor opção é "obrigar" os clientes a só realizarem seus depósitos identificados, ou seja, ao realizar o depósito no caixa do banco, é solicitado o número do pedido ou o nome do depositante, para que a empresa de e-commerce possa identificar facilmente os depósitos, simplesmente conferindo os extratos bancários. O lojista poderá identificar um pagamento num prazo máximo de 24 horas, dependendo do banco em que a empresa possua conta corrente, e dar continuidade ao processo de envio da mercadoria.

Quando existe uma opção de pagamento através de depósito identificado, a empresa de e-commerce deverá contratar um serviço que é comum a todos os bancos: o sistema de depósito identificado. Esse "produto" bancário limita todos os depósitos a serem realizados em uma determinada conta a só poderem ser efetuados diretamente no caixa, mediante algum tipo de identificação previamente definida.

Esse serviço prestado pelos bancos, ao contrário dos depósitos comuns, que podem ser realizados nas agências e em caixas eletrônicos, apresenta um custo que varia para cada instituição financeira. É um valor fixo, cobrado da empresa de e-commerce, sobre cada depósito identificado realizado por seus clientes. Apesar do custo desse serviço, a precisão das informações sobre os depósitos realizados pelos clientes da loja virtual compensa a contratação desse serviço.

Esse tipo de identificação pode ser feito informando-se ao caixa do banco, o número do pedido, o CPF ou RG do depositante ou qualquer outra forma de identificação. Desta maneira, o setor financeiro de uma loja virtual poderá identificar com precisão todos os depósitos realizados e ligá-los aos seus respectivos pedidos.

15.6 - PARCELAMENTO COM CHEQUES

Algumas lojas virtuais utilizam uma velha ferramenta do comércio varejista: o cheque pré-datado. É um meio de pagamento que envolve uma operação fora da Internet, pois o cliente precisa enviar os cheques para a loja virtual, via correio. Somente depois da chegada dos cheques, da sua análise e da aprovação cadastral do emissor, o pedido é aprovado, o envio é preparado e efetuado.

Este é um formato de pagamento que apresenta algum risco de inadimplência para o lojista virtual, não muito diferente do risco que um lojista tradicional encontra. Entretanto, por não estar "cara a cara" com seu cliente, o lojista virtual poderá ser alvo, mais facilmente, de tentativas de compra com cheques sem fundo, roubados, etc. Mesmo assim, utilizando serviços de consulta de cheques, os riscos podem ser bastante reduzidos, fazendo com que esta opção de pagamento seja mais um atrativo para clientes que queiram parcelar suas compras e que não tenham cartões de crédito.

Os maiores riscos, no entanto, são para as empresas de e-commerce que realizam um número reduzido de vendas por mês, mas com valores unitários elevados. O tipo de empresa que corre menores riscos com a venda parcelada com cheques, são aquelas que têm vendas mais pulverizadas, em maior número e com tíquete médio mais baixo. Isso ocorre porque, mesmo quando há inadimplência, o valor dos cheques "ruins" não influi de maneira decisiva no faturamento total da empresa, pois os valores são baixos. Ao contrário, em empresas cujo valor unitário dos cheques pré-datados recebidos tenha uma grande participação no faturamento total da loja virtual, quando há um único cheque não pago, o valor acaba sendo bastante representativo, podendo afetar a eficiência e a saúde financeira da empresa.

15.7 - FINANCIAMENTO

Em lojas virtuais que comercializam produtos de maior valor, é importante oferecer aos clientes algumas opções de financiamento, da mesma maneira que lojas do comércio convencional o fazem. Para isso, as melhores opções são as parcerias firmadas com instituições financeiras já consagradas no mercado, que poderão oferecer aos clientes da loja uma infinidade de formas de financiamento. Nestes casos, o lojista não atua diretamente no processo de financiamento, mas apenas intermedia o contato de seus clientes com a financeira, tudo on-line.

O mecanismo é simples: após escolher o produto que deseja adquirir, o comprador faz uma simulação da forma de financiamento que deseja contratar. Depois, o cliente interessado preenche um formulário on-line com seus dados cadastrais (nome, endereço, CPF, RG, etc.), que é enviado, também on-line, para a financeira. Após a aprovação do cadastro, o cliente recebe um e-mail da instituição financeira, notificando-o de que sua ficha cadastral foi aprovada. Com esta informação, o lojista já pode enviar o produto ao comprador. Dependendo do valor do crédito concedido e do tipo de produto adquirido, o cliente deverá, também, assinar um contrato de financiamento.

As financeiras cobram taxas específicas das empresas de e-commerce para prestar esse tipo de serviço que, além de poder oferecer uma modalidade de pagamento bastante interessante para muitos de seus clientes, ainda reduz os riscos de inadimplência. Isto ocorre porque a instituição financeira, por um lado, cobra da loja virtual um valor sobre a venda realizada mas, por outro, assume sozinha o risco da inadimplência. É claro que existem diversos tipos de contratos que uma empresa de e-commerce pode firmar com uma financeira, sendo necessário negociar com bastante cuidado, os direitos e obrigações de cada lado, para que a empresa virtual possa operar de maneira lucrativa com vendas feitas através dessa forma de pagamento.

15.8 - PREÇOS DIFERENCIADOS OU DESCONTOS EM DETERMINADAS FORMAS DE PAGAMENTO

Como já vimos anteriormente, cada forma de pagamento que pode ser disponibilizada para clientes de e-commerce apresenta um custo financeiro diferente para os lojistas. Os valores variam bastante, sendo os menos onerosos o boleto bancário e o depósito em conta corrente e os mais caros os cartões de crédito e débito e as modalidades de financiamento. Isto ocorre porque, além dos custos das taxas administrativas praticadas pelas instituições financeiras (no caso das modalidades mais caras) as vendas através de boleto e depósito em conta são realizadas à vista.

Como o custo financeiro precisa estar embutido no valor total da mercadoria (em vendas realizadas com cartões de crédito, débito e financiamentos), no caso de vendas à vista, é possível oferecer descontos significativos aos clientes.

Desta forma, o sistema da loja virtual deve informar aos clientes o valor do produto em cada modalidade de pagamento, pois caberá a cada internauta decidir se deseja comprar à vista, pagando menos, ou no cartão de crédito, débito ou financiar suas compras, pagando mais. É importante ressaltar aos clientes, que o valor correto de todos os produtos da loja virtual é aquele praticado para vendas com cartão de crédito e que os valores (mais baratos) cobrados para pagamentos realizados através de boleto ou depósito bancário são fruto de descontos especiais.

Capítulo 16

EMPRESAS VIRTUAIS DE PRESTAÇÃO DE SERVIÇOS

A prestação de serviços on-line é uma atividade que está em grande crescimento na Internet, pois possibilita ao internauta desfrutar de um determinado serviço, não importando em que lugar do Brasil ou do mundo a empresa prestadora esteja.

16.1 - AS OPORTUNIDADES PARA EMPRESAS DE SERVIÇOS NA INTERNET

Os serviços oferecidos na rede são os mais variados possíveis e, na maioria das vezes, atendem apenas a determinados nichos ou grupos bem definidos. Temos, como exemplos de sucesso na prestação de serviços on-line, as empresas de websites de relacionamento ou Match Makers, que oferecem aos usuários de ambos os sexos a oportunidade de conhecer (ou pelo menos tentar!) a sua "cara metade" ou simplesmente arrumar um encontro romântico. Esse tipo de serviço se transformou no maior exemplo de sucesso no campo da prestação de serviços na Internet. Além deste, podemos citar, também:

- Consultoria nos mais diversos segmentos (empresarial, financeira, agropecuária, psicológica, esportiva, de moda, etc.);
- Revistas e jornais on-line;
- Recolocação profissional – agências de empregos virtuais;
- Classificados diversos e intermediação de negócios;

- Transmissão de eventos e programas televisivos (broadcasting);

- Leilões virtuais.

Para obter sucesso na prestação de serviços on-line, a empresa precisa contar com um suporte tecnológico adequado, oferecendo aos clientes soluções simples, mas eficientes. Desta forma, a construção do website deve ser feita tendo em vista as necessidades específicas do público alvo da empresa.

Podemos dar como exemplo, um website de recolocação profissional, no qual o internauta deve ter opções claras e uma forma simples de inserir seu currículo, obter informações sobre oportunidades de trabalho na sua área específica e ter um *feed back* adequado, ou seja, receber via e-mail informações e propostas efetivas, para realizar entrevistas e dinâmicas para contratação. Ainda, como um suporte adicional, o usuário deve poder acessar informações que o auxilie a redigir, de maneira eficiente e correta, o seu currículo, como uma maneira de aumentar suas chances de recolocação profissional.

Um bom site de recolocação profissional nunca será bem sucedido, como qualquer outro na área de prestação de serviços, se não conseguir atender às expectativas de uma grande parcela de seus usuários.

16.2 - DIVULGAÇÃO DE EMPRESAS VIRTUAIS DE SERVIÇOS

Como um website de e-commerce, os de prestação de serviços também precisam ser devidamente divulgados e, por esse motivo, devem realizar algumas importantes ações de Marketing. Damos a seguir, as principais, consideradas as mais eficientes:

- Inserção em sites de mecanismos de busca, pagando para que o nome da empresa e do site figurem no topo das listas de palavras chaves. Desta forma, quando alguém procurar e digitar, por exemplo, a palavra "emprego" em um dos principais sites de busca (Google, Yahoo, etc.) a empresa seja uma das primeiras a aparecer, aumentando as chances de cliques e, conseqüentemente, de pessoas trafegando pelo website e contratando os serviços;

- Colocação de banners em websites de conteúdos específicos. Damos como exemplo um website de consultoria empresarial que coloca um banner em um site de uma revista eletrônica on-line sobre administração e negócios;

- Publicação de peças publicitárias em veículos bem direcionados de mídias tradicionais, como TV, jornais, revistas, rádio, etc. Podemos tomar como exemplo, um website de classificados de automóveis que anuncia em revistas especializadas de automobilismo;

- Participação em eventos da área de atuação da empresa;

- E-mail marketing para público qualificado, composto de pessoas que tenham se cadastrado no próprio website ou que sejam provenientes de uma base de dados confiável;

- Mala direta tradicional, com base em um cadastro segmentado, voltado exclusivamente para o público alvo do website;

- Criação de parcerias com associações ou entidades que agrupem um grande número de pessoas que façam parte do público alvo do website.

É importante salientar que, mais que uma empresa de e-commerce, as empresas virtuais de prestação de serviços precisam disponibilizar um eficiente serviço de atendimento ao cliente (SAC). Esta medida é da maior importância pois, neste caso, as dúvidas dos internautas são muitas e freqüentes. Desta forma, o SAC deve contar com:

- Um ou mais endereços de e-mail, e que os encarregados de receber e responder as mensagens o façam num prazo máximo de 24horas, sob pena de perda do impulso do cliente;

- Call Center eficiente, que pode ser próprio ou terceirizado. O atendimento telefônico deve ser responsável por responder dúvidas e, eventualmente, concretizar contratações de serviços.

Devemos ressaltar que muitas empresas de prestação de serviços via Internet, na realidade, só captam os seus clientes através do canal digital e, depois, todo o contato e prestação de serviços é feito através de outras vias (pessoalmente, por telefone, fax, etc). Nestes casos, devemos considerar a empresa como uma prestadora de serviços tradicional, que apenas utiliza o canal digital da Internet para divulgação de seus produtos e a captação de clientes.

“Alguns tipos de Prestação de Serviços na Internet se tornaram casos de sucesso, como os sites de relacionamento e muitas consultorias online.”

Capítulo 17

EMPRESAS DE LEILÕES VIRTUAIS

O conceito de leilão on-line é um dos primeiros modelos de negócios que foram criados para o mundo virtual. Isto se explica pelo fato de que, através da web, um determinado produto poder ser oferecido para um enorme número de pessoas, dispostas a fazer lances e "competir" pela compra. O formato é dinâmico e todos os envolvidos ficam sabendo como anda o leilão, que tem data e hora determinada para acabar.

17.1 - AS REFERÊNCIAS DO MERCADO DE LEILÕES VIRTUAIS

Em todo o mundo, o website de leilão mais famoso e que obtém maiores resultados é, sem dúvida, o eBay (www.ebay.com). Esta casa de leilões virtual existe desde 1995 e comercializa mais de 4.000 milhões de itens todos os dias, sobre os quais cobra uma taxa de inscrição e uma porcentagem sobre o valor de venda. É considerado um dos maiores exemplos de sucesso empresarial na Internet, não só como empresa de leilões virtuais, mas como um notável formato de e-business lucrativo e eficiente.

No Brasil, a referência de leilão on-line é o Mercado livre (www.mercadolivre.com.br), que movimenta a maior fatia do mercado de leilões virtuais. Neste website, como no eBay, pode-se vender de tudo, com uma estrutura de tecnologia e logística bastante eficiente. Este website é associado ao eBay e atua segundo os principais padrões do próprio eBay. A empresa atua em toda a América Latina, com websites dirigidos à Argentina, Chile, Colômbia, Equador, México, Peru, Uruguai e Venezuela.

17.2 - FUNCIONAMENTO DOS LEILÕES VIRTUAIS

Os leilões virtuais podem ser, de uma maneira geral, do tipo direto ou reverso. O leilão direto é o tradicional, no qual a pessoa que disponibiliza um item para o leilão define um lance mínimo e aguarda, por um período de tempo, os lances, para que o produto seja vendido pela maior oferta.

Os vendedores, para cadastrarem um produto para um leilão virtual, precisam definir o lance mínimo, disponibilizar uma boa descrição do produto e foto, para tornar a oferta mais atrativa. Além disso, o vendedor determina o prazo para o encerramento do leilão.

No caso do leilão reverso, quem define o valor do produto são as pessoas que fazem os lances. Desta forma, o vendedor pode oferecer um produto cujo valor não tinha meios de avaliar, ficando a cargo dos compradores definirem um bom valor para o produto em questão. No entanto, o vendedor pode estabelecer um valor mínimo que, caso não seja atingido, o leilão não terá obtido o sucesso desejado e o produto não será comercializado.

Quando um leilão é encerrado com um lance vencedor e acima da expectativa do vendedor, o pagamento e a entrega são negociados entre comprador e vendedor. A logística depende da empresa virtual. Na maioria dos casos, o comprador paga para a empresa de leilão, sem saber como contactar o vendedor que recebe o valor apurado, descontada a porcentagem da empresa que efetuou o leilão virtual. A logística de entrega e cobrança pode ser executada de várias maneiras. Normalmente, é feita através de empresas de transporte que coletam o produto na casa do vendedor, entregando diretamente ao comprador, após o pagamento do valor do lance acertado.

17.3 - DIVULGAÇÃO DE PRODUTOS ATRAVÉS DE LEILÕES VIRTUAIS

Por se tratar de um negócio aberto, qualquer pessoa pode cadastrar quase qualquer tipo de produto nas empresas de leilões virtuais. Desta forma, muitas empresas passaram a utilizar este serviço de leilão como uma forma de divulgação de seus produtos ou mesmo, indiretamente, de suas marcas.

O procedimento utilizado consiste em colocar um ou mais produtos para serem leiloados, como se fossem de propriedade de uma pessoa física. O produto é exposto para um grande número de internautas, com imagem e descrição que faz com que milhares de pessoas passem a se interessar por aquele produto e que o procurem nas lojas, para comprar uma peça "nova". Além de ser uma forma de divulgação para fabricantes e revendas, muitos lojistas também utilizam os leilões virtuais para "desencalhar" alguns itens de ponta de estoque.

17.4 - OS LEILÕES VIRTUAIS COMO FERRAMENTA PARA COMPRAS DE EMPRESAS

As ferramentas de software utilizadas pelas empresas de leilões virtuais, também são muito úteis para empresas de diversos setores, que as utilizam para otimização do processo de compra de produtos de consumo e matéria-prima para a produção.

Este formato funciona através do cadastramento de fornecedores que ofertam seus produtos para a empresa compradora, através de um website de leilão inverso, administrado pela empresa compradora. Esta, analisa o preço e a relação custo / benefício dos produtos em questão, optando pela melhor compra, levando em conta, também, as condições de pagamento que cada um dos fornecedores pode oferecer.

Os fornecedores não ficam sabendo dos preços e condições que seus concorrentes possam estar praticando e, desta forma, este tipo de leilão funciona quase como um processo de licitação pública. O Governo, em diversas esferas dos poderes, também utiliza este sistema de leilão inverso, para realizar suas licitações, de maneira mais transparente, eficiente e rápida.

“O ebay é a maior referência em website de leilões no mundo e o mercado livre, do Brasil são ótimos exemplos de adaptação às necessidades de seus clientes.”

Capítulo 18

EMPRESAS DE CRIAÇÃO DE CONTEÚDO (REVISTAS E JORNAIS VIRTUAIS)

Existem milhares de websites em toda a Internet que se dedicam apenas à criação de conteúdo, ou seja, artigos, matérias, entrevistas, notícias, disponibilização de informações de mercado, cotações, etc.

São websites de conteúdo geral, aqueles cujo material disponibilizado é dirigido ao grande público, sem maiores distinções. Damos, como exemplos, os sites de humor, horóscopo, revistas on-line de variedades, etc. Existem, ainda, os sites de conteúdo direcionado, voltados a segmentos específicos de usuários, como sites técnicos de medicina, administração, arquitetura, etc.

As empresas que desenvolvem esse tipo de atividade na Rede Mundial optaram, na maioria dos casos, por um modelo de negócio bem interessante, cuja geração de receita acontece através da cobrança on-line pelo acesso ou simplesmente através da venda de espaço publicitário.

18.1 - MODELO DE ACESSO RESTRITO

A cobrança pelo acesso é feita de maneira a limitar o acesso parcial ou total ao conteúdo do website somente aos usuários que sejam "assinantes", ou seja, só poderão acessar o conteúdo exclusivo aqueles que fizerem um pagamento referente a um determinado período de tempo. Desta forma, usuários pagantes recebem uma senha pessoal, que os autoriza a ingressar na área restrita aos assinantes.

Esse modelo de negócio é bastante eficiente quando um website é responsável pela geração de conteúdo exclusivo e com um público alvo que não dispõe desse tipo de informação em outros lugares ou a qualidade seja bastante diferenciada.

O modelo de negócio baseado na cobrança de um valor pelo acesso do usuário só é eficiente quando o conteúdo é considerado de alto valor pelos internautas, ou seja, quando as informações disponíveis são valiosas e não estão disponíveis, gratuitamente, em outros sites. Alguns dos exemplos mais importantes são websites do setor financeiro, que disponibilizam às empresas que pagam pelo acesso, um grande número de informações e análises de mercado, vitais para a tomada de decisão e investimentos de grandes empresas.

18.2 - MODELO DE RECEITA ATRAVÉS DE PUBLICIDADE

Este é o modelo mais utilizado pelos websites de conteúdo e talvez seja, realmente, o mais eficiente. Neste caso, a empresa disponibiliza conteúdo em seu website, gratuitamente, tentando atender, da melhor maneira possível, as necessidades de seus usuários.

O objetivo comercial desses websites é agregar o maior numero possível de usuários, obtendo bons números nas estatísticas de visitação. Como o principal interesse dos anunciantes potenciais é atingir o maior número possível de usuários e, de preferência, com um alto grau de qualificação (anúncios que atinjam o público alvo do anunciante), fica mais fácil para a empresa administradora do website, conquistar bons anunciantes e fechar campanhas publicitárias.

Para atingir uma boa visibilidade na Internet e conquistar cada vez mais usuários, as estratégias mais utilizadas pelos websites de conteúdo são as seguintes:

- Obter boa colocação nos websites de busca, pagando para figurar nos primeiros lugares de palavras-chave pesquisadas pelos internautas (ex.: um site que aborde temas automobilísticos, que apareça no Google ou Yahoo, com destaque, quando algum internauta pesquisar a palavra "automóvel" ou "carro");

- Colocar banners e outros tipos de propaganda digital em sites através dos quais seja possível direcionar tráfego de usuários interessados (ex.: um site de culinária que anuncia colocando banners em sites voltados para o público feminino);

- Criar uma ferramenta no website, através da qual os usuários possam se cadastrar e receber, regularmente, informações úteis via e-mail. Esta tática proporciona um estreitamento do relacionamento entre o usuário e o website, fazendo com que as visitas sejam mais freqüentes e durem mais tempo;

- Divulgar o site em outras mídias, como jornais, revistas, TV ou rádio. O importante é procurar a mídia mais apropriada e o veículo mais indicado (ex: um site que aborde temas médicos e anuncia em revistas especializadas sobre medicina);

- Formar parcerias com portais verticais, com o intuito de receber um acréscimo significativo de tráfego de usuários. Isto, no entanto, só é considerado eficiente se o site abordar temas de interesse geral (um site bastante técnico sobre engenharia, por exemplo, não é de interesse para a maioria dos usuários). Uma parceria interessante, por exemplo, é a de um website de astrologia, humor ou culinária, que passasse a figurar como um dos canais de um portal vertical, como UOL, Terra, IG, MSN, etc.

Os sites de conteúdo aberto apresentam um grande atrativo para os internautas: são uma fonte grátis de informação e, por isso, são os que mais atraem usuários de todos os cantos do mundo.

Por esta razão, a exploração da publicidade, neste formato de website, é considerada a melhor forma de geração de renda, apesar de o mercado publicitário ainda ser relativamente reticente no que diz respeito à mídia Internet. Entretanto, existem muitas formas eficientes de se conquistar anunciantes para websites de conteúdo.

18.3 - COMO CONQUISTAR ANUNCIANTES

Esta tarefa pode ser mais ou menos árdua, dependendo do conteúdo do website, do volume de páginas visitadas e do número de visitantes que o website recebe mensalmente. Além disso, é necessário que se tenha um departamento comercial eficiente, que tenha como contatar possíveis anunciantes e possua a habilidade necessária para "convencer" e efetuar as vendas de espaço publicitário.

Muitos websites acabam desenvolvendo uma estratégia própria para a captação de anunciantes. È necessário que se crie uma tabela de preços compatível com a realidade do segmento e do porte do website e, ainda, um material adequado para a apresentação aos possíveis anunciantes, contendo estatísticas recentes, um histórico do website e uma descrição completa sobre o público que o acessa.

Devem ser prospectados anunciantes dentre as empresas que poderiam ser beneficiadas com a publicidade dirigida ao público efetivo do website, no caso de websites de conteúdo bastante qualificado. Para websites que não apresentem uma qualificação clara de seu público, mas comprovem uma grande visitação, empresas de produtos de consumo em massa podem ficar bastante interessadas.

Ainda, como uma forma eficiente e menos dispendiosa, o website pode optar por terceirizar seu departamento comercial, contratando uma ou mais agências de comercialização de publicidade virtual. Existem diversas empresas nesta área de atuação no Brasil e no mundo. São empresas que, além de prospectarem anunciantes para os websites que representam, já dispõem de uma carteira de anunciantes regulares, que rotineiramente procuram boas oportunidades para publicidade na Internet. Essas agências são remuneradas através de comissão sobre o valor da campanha contratada pelo anunciante.

Capítulo 19

BROADCASTING OU TRANSMISSÃO DE PROGRAMAÇÃO TELEVISIVA VIA INTERNET

A transmissão de imagens via Internet é uma operação simples e barata, que todo internauta tem condições de realizar, com o auxílio de uma simples webcam. Este tipo de transmissão é utilizado, basicamente, para conversas particulares e para teleconferências realizadas por muitas empresas, com sedes em diferentes partes do mundo. É uma forma corriqueira de tornar uma simples conversa telefônica em um encontro “praticamente” pessoal.

Existem, também, internautas que disponibilizam gravações caseiras em websites pessoais e, ainda, empresas que utilizam a transmissão de sons e imagens on-line para a demonstração de produtos ou serviços. Entretanto, o que devemos considerar como *Broadcasting* é algo mais amplo, que envolve custos maiores e uma tecnologia mais elevada, capaz de atender as necessidades específicas de uma atividade que não pode ser feita simplesmente com um microcomputador comum e uma webcam.

19.1 - TIPOS DE PROGRAMAÇÃO MAIS VEICULADAS NA REDE

Há um grande número de programas que são transmitidos via Internet em todo o mundo, com uma programação variada, que vai de noticiários em tempo real, programas de auditório, transmissão de eventos esportivos, culturais ou empresariais, até *reality shows* e muito mais.

Além de existirem muitos programas que são transmitidos unicamente pela Internet, a maioria das grandes redes de TV tradicional já utiliza a rede para disponibilizar a sua programação on-line, visando atingir usuários que eventualmente tenham perdido um determinado programa e que podem acessá-lo e assisti-lo pela Internet ou, ainda, para pessoas que estejam muito longe, em outros países, por exemplo, e que desejem assistir a programação de TV de seus países de origem.

Além disso, muitas emissoras de TV tradicional já utilizam ou utilizaram a transmissão via Internet, provenientes de locais no mundo nos quais seus enviados não dispunham de equipamento para a transmissão convencional. Na guerra dos Estados Unidos contra o Iraque, por exemplo, emissoras como a Norte Americana CNN e a brasileira Globo, realizaram algumas transmissões nas proximidades das áreas em conflito, com equipamento conectado à rede mundial. O material era enviado pela Internet, processado e retransmitido pelo sistema convencional de TV, para milhões de pessoas.

O *Broadcasting* via Internet está se difundindo com grande rapidez, sendo muito utilizado para a transmissão de eventos, ao vivo ou não, que atraiam público de nichos de mercado específicos, como leilões de carros antigos, de gado, cavalos, jóias, ou mesmo eventos como convenções de empresas, fã clubes, etc.

19.2 - ESTRUTURA TECNOLÓGICA PARA *BROADCASTING* ON-LINE

A transmissão profissional de programação televisiva ou *Broadcasting,* precisa de uma estrutura tecnológica que permita, basicamente:

- Geração de programação de áudio e vídeo, com a maior definição possível, para a transmissão via Internet;
- Sistema de servidores de rede, que permitam a visualização simultânea para um número muito grande de internautas espectadores;
- Possibilidade de captação de imagens de estúdio e locações externas, com a mesma qualidade técnica;
- Capacidade para transmissão ao vivo de programação feita em estúdio ou em unidades de gravação externas.

19.3 - VANTAGENS E DESVANTAGENS DA TRANSMISSÃO DE PROGRAMAS VIA INTERNET

Este serviço apresenta vantagens e desvantagens em relação à transmissão tradicional, pela TV. As principais vantagens desse sistema são:

- O usuário pode acessar e assistir aos programas no horário que desejar, não ficando sujeito à grade de programação estática da TV tradicional;

- O custo de produção pode ser relativamente bem inferior ao de uma produção equivalente para a TV convencional;

- O custo de transmissão é incomparavelmente inferior ao de um programa de TV tradicional;

- É possível realizar transmissões de programas e eventos que não encontrariam um grande público na televisão tradicional, inviabilizando comercialmente o programa. Em contrapartida, na Internet, com o custo bastante reduzido, a transmissão torna-se viável e atrai o público realmente interessado;

- Poder realizar a transmissão de um evento ao vivo, que conte com interação simultânea dos internautas. Podemos dar, como exemplo, leilões que são transmitidos pela Internet, nos quais o público que esteja on-line possa realizar lances em tempo real, "brigando" com pessoas que estejam no local do leilão.

Como desvantagens desse sistema, podemos enumerar as seguintes:

- A qualidade das imagens recebidas, apesar de já ter melhorado bastante nos últimos anos, ainda é bastante inferior à imagem de TV tradicional;

- Para que a qualidade de som e imagem seja satisfatória, para os padrões da Internet, o usuário precisa dispor de computadores de grande capacidade de memória RAM e de um microprocessador de alta velocidade. Além disso, uma conexão de banda larga e alta velocidade são imprescindíveis para uma boa recepção, principalmente em caso de transmissões ao vivo. Em equipamentos com configurações inferiores e com conexões de baixa velocidade, a qualidade de som e imagem ficam bastante comprometidas e, em alguns casos, torna-se mesmo inviável a recepção de programação televisiva;

- Ainda é grande o número de internautas que não possuem equipamentos com capacidade suficiente para uma recepção aceitável de programação televisiva pela rede. Desta forma, o número de espectadores potenciais ainda é relativamente reduzido, se compararmos ao potencial atual da rede;

- O costume de assistir programação televisiva via Internet ainda não é muito difundido em termos de público potencial. A força da televisão ainda é uma grande barreira para este tipo de transmissão.

19.4 - O FUTURO DO BROADCASTING NA REDE MUNDIAL DE COMPUTADORES

O futuro do Broadcasting via Internet ainda é incerto e é considerado, de certa forma, como uma possível ameaça à transmissão tradicional, pois a melhoria da qualidade da transmissão e recepção é uma questão de tempo e não sabemos como isso irá repercutir na audiência das emissoras convencionais.

Há quem diga que ocorrerá um movimento de migração da audiência de TV convencional para a Internet e que as emissoras serão obrigadas a reestruturar todo o seu parque tecnológico, para adaptar a produção e transmissão para a rede mundial de computadores.

Como já mencionamos, atualmente, a qualidade de transmissão de sons e imagens através da Internet, especialmente quando se trata de Broadcasting ao vivo, ainda é bastante inferior se compararmos com a qualidade da televisão convencional, sem mencionar a qualidade da TV digital. Por esta razão, o fator tecnológico ainda é o maior limitador do crescimento das transmissões televisivas na Internet mas que, apesar disso, estão crescendo bastante nos últimos anos, inclusive com a entrada de canais de TV tradicionais.

19.5 - FATORES TECNOLÓGICOS LIMITADORES DO BROADCASTING ON-LINE

O futuro desse tipo de atividade na rede depende diretamente da evolução de toda a tecnologia ligada às atividades na Internet. De uma maneira geral, podemos dizer que os fatores tecnológicos limitadores do Broadcasting on-line são os seguintes:

19.5.1 - VELOCIDADE DE TRANSMISSÃO DE DADOS

Mesmo com a banda larga atual, a qualidade do som e, especialmente da imagem, deixam muito a desejar. Será preciso a criação e implantação de novas bandas de transmissão, com maior capacidade de transferência de dados. Desta forma, as empresas que atuarem no segmento de Broadcasting on-line, poderão transmitir sua programação com qualidade comparável à da Televisão tradicional ou até mesmo, à da TV digital;

19.5.2 - ADEQUAÇÃO DOS COMPUTADORES CONECTADOS À REDE MUNDIAL

Os computadores preparados para receber transmissões televisivas de alta qualidade deverão ter um micro chip com alta velocidade de processamento de dados, uma memória com grande capacidade de armazenamento e placas de áudio e vídeo adequadas. De nada adianta existirem transmissões feitas em alta qualidade na rede, se não houver um grande número de internautas capacitados a assistir esse tipo de programação. Para isso, deverá ocorrer uma renovação no equipamento utilizado atualmente pela maioria dos internautas em todo o mundo.

Essa renovação ocorre, naturalmente, em um ritmo diferente, que varia em cada região do mundo ou país. A velocidade de troca de equipamentos é maior em países cujo povo possui maior poder aquisitivo. Desta forma, o futuro da programação televisiva de alta qualidade na Internet deverá começar com foco nos países do primeiro mundo.

"O futuro do *Broadcasting* na rede mundial está diretamente ligado aos avanços da tecnologia e na qualidade de transmissão e recepção da programação televisiva."

Capítulo 20

EMPRESAS VIRTUAIS COM MODELO MISTO DE GERAÇÃO DE RECEITA

Algumas empresas que se aventuram no mundo virtual, optam por um modelo de negócio que tem se mostrado bastante interessante nos últimos anos. Este modelo consiste em agregar mais de um modelo de negócios à empresa virtual.

Desta forma, podemos ter um website de e-commerce que tenha uma área de serviços on-line, que disponibilize espaço para anunciantes (venda de espaço publicitário) e que também disponibilize aos internautas um conteúdo jornalístico ou técnico. É claro que qualquer combinação desses produtos ou serviços, em uma mesma empresa virtual, pode criar uma sinergia considerável, elevando o patamar de faturamento ou fazendo com que a empresa possa se firmar no mercado.

20.1 - CARACTERÍSTICAS DO MODELO MISTO DE GERAÇÃO DE RECEITA

O modelo misto de geração de receita é um formato de negócio que precisa ser bem dimensionado, de acordo com o potencial do website, pois é necessário verificar quais formatos dentro desse modelo são mais viáveis e, se necessário, direcionar maiores esforços nas principais fontes de geração de receita sem, porém, deixar de explorar as demais.

Problemas financeiros, descompasso no fluxo de caixa ou mesmo a possibilidade de encerramento das atividades tornam-se alternativas pouco prováveis, pois com a diversificação das atividades da empresa virtual, esta fica bem menos exposta às possíveis oscilações de faturamento de cada uma das fontes geradoras de receita da empresa. Isso acontece porque, por exemplo, se estiver mais difícil vender publicidade, o e-commerce ou a prestação de serviços poderão manter o nível de faturamento, sem que haja grandes perdas. Além disso, as possibilidades de crescimento da empresa como um todo são potencializadas, pois há uma sinergia entre os modelos de geração de receita que torna possível um crescimento mais acelerado no faturamento da empresa.

A estrutura da empresa, neste caso, acaba ficando mais complexa, apesar de poder apresentar uma sinergia bastante positiva. Isso ocorre porque, na prática, seriam duas ou mais empresas (uma de e-commerce, outra de conteúdo, outra de serviços, etc.) funcionando dentro de uma só estrutura. Isso faz com que certos departamentos sejam suficientes para atender toda a estrutura como, por exemplo, o departamento administrativo, Recursos Humanos, entre outros.

Desta forma, os custos fixos operacionais podem ser reduzidos, enquanto a receita é multiplicada. Um formato mais complexo de empresa virtual, com modelo misto de geração de receitas, por oferecer aos internautas produtos, conteúdo e serviços diferenciados, pode classificá-lo como um portal, isto é, um website que proporciona diversas possibilidades e no qual o internauta poderá encontrar uma vasta gama de opções dentro do segmento no qual atua a empresa virtual.

Com uma maior oferta de serviços, produtos, conteúdo e soluções para o internauta, websites que trabalham com o modelo misto acabam por criar maior "aderência", ou seja, seus usuários acabam voltando mais e navegando por mais tempo. Por esta razão, todo o conteúdo do website deve ser constantemente renovado, preferencialmente todos os dias, mostrando ao usuário regular, que se trata de um website ou portal dinâmico, que sempre traz novas informações e produtos úteis.

Além disso, existem outras formas criativas e especificamente desenvolvidas por websites, de acordo com sua área de atuação, que também geram receita e que podem ser agregadas ao modelo completo de geração de receita daquele website. Podemos citar, como exemplo, websites que não comercializam produtos e nem publicidade, mas que conseguem agregar possíveis compradores para determinados produtos. Ao invés de comercializar o referido produto ou simplesmente vender espaço publicitário para seus fabricantes, o website vende a "dica" do cliente potencial para o fabricante ou revendedor.

Isso ocorre, por exemplo, com alguns websites voltados para consumidores de automóveis. O website disponibiliza todas as informações sobre um determinado modelo de carro, inclusive preço e condições de pagamento. Se um usuário se interessar pela compra, este preenche um formulário completo, que é imediatamente enviado para a fábrica ou para uma revenda, que irá entrar em contato com o cliente interessado e tentar concretizar a venda. O website, neste caso, é remunerado pela fábrica ou revenda, com um valor fixo para cada "ficha" completa de cliente potencial enviada, independentemente de a venda ser efetuada ou não.

20.2 - FORMATOS POSSÍVEIS PARA O MODELO MISTO DE GERAÇÃO DE RECEITA

O modelo misto de geração de receita pode ser implantado a partir da união dos seguintes modelos tradicionais de geração de receita na Internet:

- Receita publicitária + receita de e-commerce (websites de conteúdo com área de e-commerce);
- Receita publicitária + receita de serviços (websites de conteúdo que também prestam algum tipo de serviço on-line);
- Receita de e-commerce + receita publicitária (websites de e-commerce que disponibilizam espaço publicitário para anunciantes);
- Receita de e-commerce + receita de serviços (websites de e-commerce que também comercializam serviços on-line);
- Receita de serviços + receita de e-commerce (websites de prestação de serviços com área de e-commerce);
- Receita publicitária + receita de e-commerce + receita de serviços (websites com áreas distintas para e-commerce, conteúdo e prestação de serviços on-line).

Os exemplos anteriores abrangem a maior parte dos modelos de geração de receita que são utilizados pelas empresas virtuais. Existem, no entanto, muitas outras alternativas, que envolvem websites com modelos diferentes de geração de receita, como as empresas de leilões on-line, Broadcasting, e-learning, etc.

O importante nesses modelos mistos de geração de receita é que haja uma sinergia clara entre as atividades desenvolvidas pela empresa virtual. Não há uma sinergia interessante, por exemplo, em um website de conteúdo jornalístico, voltado para o segmento esportivo, que tente explorar, no mesmo website, um e-commerce voltado para a venda de produtos eletro-eletrônicos. O correto seria direcionar o tráfego de internautas interessados no conteúdo esportivo, para a compra de equipamentos e produtos esportivos em geral, lembranças e souvenirs ligados a esportes ou mesmo algum tipo de serviço voltado para este público específico.

20.2.1 - COMO AGREGAR O E-COMMERCE A WEBSITES DE CONTEÚDO INFORMATIVO

Vejamos, por exemplo, como uma empresa virtual de geração de conteúdo pode desenvolver e agregar o e-commerce de maneira eficiente, operando simultaneamente os dois modelos de negócios, de maneira a criar uma sinergia clara entre as duas fontes geradoras de receita.

Funciona, basicamente, da seguinte maneira: a empresa desenvolve um website de conteúdo, oferece informações interessantes ao público em geral ou a um público qualificado, com interesse específico (médicos, esportistas, engenheiros, estudantes, etc.). Desta forma, cria-se uma comunidade de usuários que passam a ter uma boa percepção de valor deste website, confiando nas informações fornecidas e na seriedade de seus gestores.

O interessante é que, dentro deste mesmo website, exista uma área voltada para o e-commerce, ou seja, uma loja ou shopping virtual que comercialize produtos direcionados para o público que já faz parte da comunidade de internautas ligados ao site. Com um grau de confiança já atingido e um público qualificado, as vendas on-line acabam ocorrendo com maior facilidade.

O potencial de geração de receita deste modelo de negócio, portanto, pode ser mais interessante do que os modelos isolados, pois há uma sinergia visível, tornando mais eficientes as operações de e-commerce e, ainda, aumentando o trêfego de usuários, o que torna a venda de espaços publicitários (banners) mais viável e rentável.

As possibilidades são muitas e as empresas precisam ser bastante criativas e inovadoras para conseguir maximizar seus negócios. A criatividade pode ser explorada em dezenas ou centenas de detalhes que envolvem este modelo, bastante peculiar. Damos a seguir, exemplos eficientes, que se aplicam a muitos websites que adotaram este modelo de negócio:

- Colocar links "sugestivos" no final das páginas que contenham artigos ou matérias. Estes links devem conter informações sobre produtos relacionados com o tema da matéria que o internauta acabou de ler. Por exemplo, após ler uma matéria sobre aviação, o usuário pode encontrar um link para um ou mais livros sobre aeronáutica, que poderão ser adquiridos na própria loja do website;

- Espalhar o maior número de portas ou links, dentro do website de conteúdo, que levem à área de e-commerce. O usuário que está à procura de matérias ou artigos, deve estar sempre sendo impactado, de alguma forma, com informações sobre a área de e-commerce do website;

- Oferecer espaço publicitário para empresas que já sejam fornecedoras de produtos para a loja virtual do website. Desta forma, se a relação comercial já for boa devido ao volume de vendas, o fabricante passa a ser um ótimo anunciante potencial para o website e a probabilidade de efetivação de campanhas, maior.

20.2.2 - MODELO DE GERAÇÃO DE RECEITA PUBLICITÁRIA AGREGADA À RECEITA DE SERVIÇOS

Websites de conteúdo informativo podem ser uma ótima "porta" de entrada para uma área de prestação de serviços, da mesma forma que um website de prestação de serviços on-line pode agregar uma área de conteúdo dirigido aos internautas que já utilizam os serviços prestados pela empresa virtual.

O objetivo é, com o tráfego gerado no website como um todo, poder criar um atrativo para anunciantes que queiram comunicar-se com o público de internautas que visita o website. Da mesma forma, a prestação de serviços, atividade já desenvolvida previamente, poderá se beneficiar com o possível aumento de tráfego gerado pela nova área de conteúdo, que atrairá novos internautas interessados em um determinado tipo de assunto e que seja correlato aos serviços prestados pela empresa virtual.

20.2.3 - MODELO DE GERAÇÃO DE RECEITA DE E-COMMERCE AGREGADA À RECEITA DE SERVIÇOS

É possível tornar bastante lucrativa uma empresa virtual que atue simultaneamente com a prestação de serviços e o e-commerce. O importante, como em qualquer formato do modelo misto de geração de receita, é que haja uma sinergia clara entre os serviços oferecidos e os produtos vendidos na área de e-commerce do website.

Uma loja virtual, desde que bem divulgada, pode atrair um grande número de internautas interessados em adquirir o tipo de produto comercializado por aquela empresa. Definindo-se o perfil dos internautas visitantes, torna-se possível estabelecer um ou mais serviços que possam atender à demanda desse público.

A hipótese inversa também é válida, pois ao definirmos o perfil de internautas que contratam um determinado tipo de serviço de uma empresa virtual, torna-se possível a implantação de um e-commerce que venha a atender as demandas específicas daquele público.

20.2.4 - MODELO MISTO DE GERAÇÃO DE RECEITA COM BASE NO E-COMMERCE, PUBLICIDADE E SERVIÇOS

Este modelo, que agrega três dos principais modelos de geração de receita, é uma das combinações mais atraentes em matéria de possibilidade de lucros para a empresa virtual. É, no entanto, um dos formatos mais complexos e que requer uma estrutura bem dimensionada, pois as operações se tornarão maiores, a comunicação entre os departamentos da empresa passa a ser vital para toda a operação e os custos, apesar da sinergia entre as atividades, acabam se elevando em valores absolutos.

Este formato de empresa virtual consiste na disponibilização de informações (conteúdo) para um determinado segmento de internautas que também possam dispor de uma loja virtual com produtos relacionados e, ainda, tenham como contratar serviços específicos.

Podemos dar como exemplos, alguns websites de relacionamentos. Esses websites são, por essência, empresas virtuais de prestação de serviços, que promovem encontros entre pessoas com características semelhantes, ou que possam "combinar" bem umas com as outras.

Entretanto, alguns desses websites, tanto no Brasil quanto no mundo todo, além de cobrarem um valor dos usuários pela prestação dos serviços de *match maker*, também comercializam publicidade para empresas que enxergam os usuários desse tipo de website como seu público-alvo. Além disso, disponibilizam aos internautas uma área de e-commerce, na qual podem comprar, por exemplo, presentes para serem enviados para seus correspondentes virtuais.

Este é um ótimo exemplo de sinergia que pode acontecer em uma empresa virtual que opte por um dos formatos do modelo misto de geração de receita

Capítulo 21

WEBSITES INSTITUCIONAIS OU EXTENSÕES VIRTUAIS DE EMPRESAS TRADICIONAIS

Os websites institucionais são aqueles cujo objetivo é divulgar informações sobre uma empresa tradicional, seja da área industrial, de comércio ou de serviços. Na maioria dos casos, os institucionais disponibilizam aos internautas informações como:

- Histórico da empresa;
- Catálogo detalhado de produtos produzidos ou comercializados;
- Descrição das áreas de atuação e ambientes distintos para diferentes divisões ou departamentos;
- Referências empresariais, como parcerias estabelecidas, principais fornecedores, clientes, etc.;
- Links para outros sites da empresa, sejam eles no Brasil ou em outros países;
- Contatos via e-mail e telefone de diversos departamentos da empresa;
- Área destinada a revendedores, que podem consultar situação de estoque de produtos, contas a pagar e muitas outras informações.

21.1 - LISTA TELEFÔNICA VIRTUAL

Podemos afirmar que todas as empresas de médio e grande portes e a maioria das de pequeno porte, podem se beneficiar com a implantação de um website institucional. É uma das formas mais eficientes que os clientes potenciais encontram para localizar uma empresa, tanto industrial, quanto comercial ou de serviços que estejam procurando. De certa forma, podemos dizer que o website institucional funciona como um grande e eficiente anúncio em uma "lista telefônica virtual".

Se tratarmos, de uma maneira bem simples, um website institucional como uma página em uma gigante lista virtual global, concluímos que, de certa forma, seremos apenas "mais um" no gigantesco mundo da Web e que nosso público alvo poderá não encontrar o website com facilidade. Isto é verdade, pois não basta, simplesmente, publicar um website institucional e esperar que o número de visitas seja grande e que possa gerar muitos negócios.

Mesmo que muitas pessoas ou empresas estejam à procura do que a nossa empresa oferece, o número de usuários que conseguirão efetivamente encontrar o nosso website será, provavelmente, bastante pequeno.

Desta forma, o mais indicado a fazer é proceder uma campanha de divulgação eficiente da URL, ou seja, do endereço do site. De nada ou pouco adianta ter um website na rede, mesmo que bastante eficiente, se não houver uma boa divulgação que atinja parte do público alvo da empresa.

21.2 - E-COMMERCE A PARTIR DO WEBSITE INSTITUCIONAL

Muitas empresas tradicionais que implantaram um website institucional, perceberam o potencial do canal virtual e passaram, também, a comercializar seus produtos ou serviços diretamente pela Internet. Essa é uma forma bastante eficiente de maximizar lucros de uma indústria, por exemplo, pois as vendas feitas através da Internet não são realizadas por representantes ou revendedores, não sendo necessário o pagamento de comissões, o que aumenta consideravelmente a atratividade das vendas on-line.

O único problema, comumente enfrentado por fabricantes que decidem partir para a venda direta na Internet, é a resistência de seus distribuidores e revendedores, que podem alegar que a venda direta é uma forma de enfraquecê-los, reduzindo as vendas dos canais tradicionais. Este argumento nem sempre é válido, pois a proposta principal da venda pela Internet é a de atingir mercados consumidores e regiões que, normalmente, não seriam atendidas pela rede regular de distribuição da empresa.

O e-commerce feito a partir do website institucional pode ser realizado das seguintes maneiras:

- A empresa disponibiliza no próprio site institucional, uma área de e-commerce, ou loja virtual, vendendo diretamente ao público final, seus produtos ou serviços;

- E-commerce em outro website da empresa: são colocados no website institucional um ou mais links para um outro website da empresa, um site exclusivamente de e-commerce. Neste website de e-commerce, a empresa vende diretamente aos consumidores finais os seus produtos ou serviços;

- E-commerce terceirizado: é formada uma parceria com uma empresa de comércio eletrônico que já disponha de toda estrutura logística e tecnológica necessária para revender os produtos de seus parceiros. Desta forma, o e-commerce de uma empresa poderá ser realizado por outra, que lucre com comissões ou valores fixos. É uma forma de não ser necessário desenvolver toda uma estrutura própria de e-commerce, mas possuir, aos olhos de seus clientes, uma loja própria para comercialização on-line. Da mesma forma que no caso anterior, a empresa deverá colocar em seu site institucional, um ou mais links para a loja virtual terceirizada;

- Revenda de produtos através de uma ou mais empresas varejistas virtuais que possam atingir o público alvo desejado. Este é o caso da maioria das empresas fabricantes de produtos de consumo geral, como eletro-eletrônicos, por exemplo. Os fabricantes disponibilizam seus produtos para venda em grandes lojas virtuais (como submarino.com, americanas.com, etc.). Nos sites institucionais, os fabricantes colocam um ou mais links, direcionando tráfego de possíveis compradores para as lojas virtuais que comercializem seus produtos. Os links são especificamente dirigidos para a seção da loja que comercializa os produtos em questão ou mesmo para uma página com toda a linha de produtos do fabricante. Estas opções são previamente acertadas entre fabricante e lojista virtual.

Seja qual for o formato adotado, o e-commerce a partir do website institucional de uma empresa, é uma poderosa ferramenta de marketing pois, além de possibilitar aumento de faturamento através de vendas diretas, também se torna uma ótima forma de divulgação de uma linha de produtos ou serviços. Mesmo que o faturamento com as vendas não seja significativo, é válida a existência do e-commerce, devido à sua força de propagação de marca, de produtos ou serviços.

21.3 - COMUNIDADE DE USUÁRIOS LIGADOS A UM WEBSITE INSTITUCIONAL

Os websites institucionais proporcionam às empresas a possibilidade de agregar, com maior eficiência, todas as pessoas e empresas envolvidas no processo de fabricação e comercialização de produtos, sem falar na rede de serviços. Desta forma, a empresa pode atender ao consumidor final, prestando informações e comercializando diretamente seus produtos. Além disso, o espaço virtual da empresa pode tornar-se um centralizador de operações para revendas, distribuidores, assistência técnica e muito mais.

O objetivo final de se disponibilizar o maior número possível de opções para revendedores, distribuidores, público final e eventuais parceiros, é criar uma "comunidade" de pessoas e empresas que naveguem rotineiramente pelo mundo virtual da empresa em questão, aumentando os vínculos de negócios, confiança e possibilitando crescimento para todos. Para isso, a empresa deverá utilizar todas as ferramentas tecnológicas disponíveis, fazendo com que seu website institucional seja um canal útil e agradável para o maior número de usuários que conseguir agregar.

É muito importante que os usuários não vejam o website de uma empresa somente como um simples descritivo de produtos e serviços e forma de contato. A empresa deverá oferecer, além de opções de negócios, informações pertinentes e uma comunicação direta e descontraída.

Temos como um famoso exemplo de eficiência, o website da Nestlé (www.nestle.com.br). Esta empresa, que construiu ao longo de sua história um alto conceito de qualidade junto aos consumidores de todo o mundo, disponibiliza em seu website institucional muito mais que um histórico, formas de contato e catálogo de produtos. É um dos melhores exemplos de website institucional que tornou capaz a criação de uma gigantesca comunidade de consumidores ligados à empresa.

Em seu institucional, a Nestlé disponibiliza receitas de pratos salgados e doces feitos com seus produtos. As receitas são sempre recicladas e os usuários que as acessam regularmente poderão conferir sempre as novidades. Além disso, fazendo uma clara analogia entre a alimentação e princípios de saúde, podemos encontram no website da Nestlé dicas de saúde baseadas na alimentação saudável para adultos e crianças.

Além desses serviços gratuitos prestados pela Nestlé em seu website institucional, a empresa criou uma ferramenta de cadastramento voluntário de internautas que desejem receber regularmente, via e-mail, receitas, dicas de saúde ou informações sobre lançamentos de produtos da empresa. Ainda, os usuários cadastrados recebem uma revista da Nestlé, voltada principalmente para o público feminino, com todas as informações relacionadas à alimentação, cuidados com a saúde, receitas e muito mais. Tudo feito dentro do mais alto padrão de qualidade que a Nestlé sempre teve com seus produtos e atendimento ao cliente.

A imagem de uma empresa precisa estar refletida na qualidade de seu website institucional. Não seria mercadologicamente aceitável que uma empresa com a percepção de marca conquistada como a Nestlé, fosse representada na Internet por um website institucional que não refletisse toda a missão empresarial.

21.4 - CANAL PARA A AMPLIAÇÃO DA ATUAÇÃO GEOGRÁFICA DA EMPRESA

O website institucional também é um forte canal para a geração de novos negócios com outros mercados, pois empresas de outros estados e até mesmo de outros países podem facilmente entrar em contato, depois de analisar a linha de produtos ou serviços da empresa em questão.

É uma porta aberta para importações, exportações e parcerias, envolvendo empresas de qualquer parte do Brasil e do mundo. Este aspecto é um dos fatores que contribuem para que a empresa possa atingir uma meta estratégica comum a quase todos os empreendimentos: desenvolver novos mercados geográficos.

Para que o canal virtual de uma empresa, na figura de seu website institucional, alcance êxito em ampliar negócios para áreas ou países nos quais a atuação da empresa seja pequena ou inexistente, poderemos utilizar, entre outras, as seguintes ferramentas tecnologicamente estratégicas:

- Se o objetivo for atingir uma área específica do País, o conteúdo do website deverá ser adaptado para, também, agradar especificamente o público alvo da região a ser "desbravada", com conteúdo direcionado ou áreas do website dedicadas ao público regional;

- Campanha regional de divulgação do website, com utilização de mídias tradicionais regionais e divulgação na Internet, através de websites regionais de grande tráfego;

- Para "desbravamento" de mercados internacionais, a empresa deverá definir quais os mercados (os países ou regiões geográficas) e criar websites paralelos ou versões nas línguas locais. Nestes casos, os websites destinados ao público no exterior, deverão contar com as mesmas ferramentas e conteúdo de qualidade encontrado no site institucional original.

- Os sites paralelos ou versões em outras línguas deverão ser divulgados, de maneira regional, nas áreas em que se propõe a atingir um determinado público-alvo. Além de poderem ser divulgados em mídias tradicionais dos países em questão, a divulgação destes websites poderá ser feita, de maneira bastante eficiente, através de sites de busca (yahoo.com, google.com, aol.com, etc.) que sejam fortes e bastante acessados nas regiões determinadas. Desta forma, se o intuito for, por exemplo, divulgar a versão institucional de um website de uma empresa brasileira nos Estados Unidos, a divulgação on-line, naquele país, poderá ser feita através de publicidade paga em sites de busca regionais, como o AOL Search (www.aol.com) ou os mais famosos sites de busca do mundo, em suas versões Americanas, o Google (www.google.com) e o Yahoo! (www.yahoo.com).

21.5 - WEBSITE INSTITUCIONAL: CARTÃO DE VISITA DA EMPRESA

A tendência mundial é de que nenhuma empresa, independentemente do seu porte, poderá existir de maneira competitiva no mercado se não puder contar no mínimo com um website institucional eficiente, completo e atrativo. Devemos lembrar que, para muitas pessoas e empresas, o website institucional é uma porta de entrada, um cartão de visita e que, desta forma, deverá retratar a qualidade e a seriedade desta empresa, tornando-a atrativa para aqueles que o acessarem.

Quando o website de uma determinada empresa está operando e pode, efetivamente, prestar serviços ou oferecer produtos aos consumidores finais, a empresa poderá administrá-lo como uma unidade autônoma de negócios, dentro de sua própria estrutura. Dessa maneira, em trabalho conjunto com o Marketing da empresa, poderá ser feita uma campanha institucional, utilizando o website como um dos pontos centrais. Neste caso, o website da empresa é divulgado, de forma maciça, para o público consumidor.

Capítulo 22

EMPRESAS QUE COMERCIALIZAM DOWNLOADS

Existe um tipo de comércio on-line bastante específico e que vem crescendo geometricamente nos últimos anos: são os websites de downloads. Fazer um download significa "trazer" ou "baixar" para o seu microcomputador, seja ele doméstico ou parte da rede interna de uma empresa, alguns produtos que são, por definição, virtuais. São comercializados por estas empresas, principalmente:

- Softwares;
- Músicas;
- Filmes;
- Imagens (fotos);
- Livros virtuais (e-books).

A comercialização destes produtos pela Internet está se tornando, cada vez mais, a forma preferida por todos aqueles que têm acesso à Internet e, portanto, podem escolher entre adquiri-los em lojas físicas ou em lojas virtuais.

O maior problema que este tipo de e-commerce sofre na rede, é a concorrência com websites que comercializam versões piratas de softwares e outros produtos. São muitos em todo o mundo e o controle pelas autoridades torna-se muito difícil. Ainda, por ser difícil avaliar a idoneidade de um website como estes, o internauta, muitas vezes, prefere deixar de adquirir ou baixar um produto virtual, com medo de possíveis "contaminações" por vírus.

De qualquer forma, este é um mercado tremendamente promissor, pois conta com um fator que as outras formas de e-commerce não disponibilizam: todo o processo de compra e recebimento dos produtos é feito na Internet, ou seja, o cliente procura, decide qual produto deseja adquirir, escolhe a forma de pagamento, paga e recebe o produto, tudo rapidamente e via Internet.

As empresas deste segmento do e-commerce estão cada vez mais criativas, já sendo possível adquirir, desta forma, os mais diversos e curiosos produtos virtuais, como cartões para serem impressos, cartões virtuais, fotos, músicas, softwares, filmes, videoclipes.

22.1 - DOWNLOAD DE SOFTWARES

O usuário acessa um website que comercializa softwares específicos. Depois, escolhe o programa e a versão que seja mais adequada às suas necessidades. Basta selecionar uma forma de pagamento e, após a confirmação do pagamento, a opção de "baixar" o programa para seu computador será automaticamente liberada. O usuário poderá, então, usufruir do software que acabou de adquirir, consultar o manual de instruções on-line ou mesmo baixa-lo para sua máquina e, ainda, contar com a garantia de qualidade do produto, que deve ser dada por todas as empresas idôneas que praticam este tipo de e-commerce.

22.2 - DOWNLOAD DE MÚSICAS E FILMES

Apesar da variedade de produtos virtuais na rede, os downloads de músicas ainda são os best sellers. Tudo começou com a forma pirata, na qual o internauta tinha (e ainda têm) acesso gratuito à milhares de músicas, através da utilização de softwares simples, que podem ser baixados, sem custo, na rede. Esta prática começou a causar enormes prejuízos à indústria fonográfica internacional, que já lançou diversas campanhas contra este tipo de pirataria.

Para coibir ainda mais a pirataria e obter lucros na própria Internet, as indústrias fonográficas estão começando a comercializar seu conteúdo musical, vendendo as músicas para internautas que não desejam compactuar com pirataria digital. Da mesma maneira, começaram a surgir grandes lojas virtuais de músicas, totalmente legalizadas, que só comercializam músicas que tenham seus direitos autorais devidamente pagos às gravadoras.

Na mesma trilha de venda virtual, a venda de filmes pela Internet começa a ganhar força, sempre na contramão da pirataria. Os downloads de filmes, apesar de demorados, já atraem milhares de pessoas em todo o mundo, que procuram baixar versões legalizadas dos mais diversos filmes.

A principal vantagem do comércio de músicas e filmes pela Internet, é que as lojas virtuais não precisam ter um estoque físico, como as lojas reais e ainda podem oferecer uma variedade muito maior de filmes e músicas. Esta, com certeza, é uma tendência irreversível para o comércio desses produtos que, basicamente, envolvem somente direitos de propriedade intelectual.

22.3 - DOWNLOADS DE IMAGENS

A venda de imagens ou fotos na Internet não é uma atividade comercial muito comum, apesar de haver websites que comercializam fotos como produtos de "prateleira". O mais comum para os que desejam algum tipo de foto ou imagem, é fazer um download gratuito ou simplesmente copiar imagens que figuram em qualquer website.

O download pago só acontece, normalmente, quando o comprador deseja fazer um download de uma foto em alta definição, que seja parte do banco de imagens pago de uma determinada empresa.

22.4 - DOWNLOAD DE LIVROS VIRTUAIS (E-BOOKS)

Os e-books estão se popularizando cada vez mais na rede. Muitas publicações não são feitas mais "em papel", tornando-se apenas um produto virtual. O interessado em comprar uma obra literária virtual pode acessar uma das diversas livrarias que comercializam esse tipo de livro, pagar como se o fizesse para adquirir qualquer outro produto através da Internet e, depois, fazer o download completo. Ao obter todo o conteúdo da publicação, o comprador poderá ler a obra em seu próprio desktop ou note book ou, ainda, imprimi-la para leitura em papel.

A venda de e-books também segue como uma tendência que se fortalece, apesar de ainda não interessar à maioria dos grupos editoriais em todo mundo. Entretanto, o conteúdo virtual de livros promete se transformar em um produto bastante interessante para comercialização, pois a utilização de computadores de mão (palmtops), como meio para a leitura dos e-books, é uma aposta que a indústria de tecnologia está fazendo para os próximos anos. Se a popularização deste meio realmente ocorrer, as pessoas passarão a ler suas revistas e livros em qualquer lugar, depois de carregá-los em seus palmtops, sendo possível armazenar diversas publicações na memória do aparelho.

Se este quadro se concretizar nos próximos anos, a venda de e-books certamente aumentará muito, fazendo com que as grandes empresas do setor editorial passem a se interessar e, com certeza, atuar neste segmento.

“O Comércio de downloads na Internet é uma das poucas formas de e-commerce no qual o cliente pode realizar todo o processo de compra online, desde a escolha, até o recebimento do produto adquirido (softwares, músicas, etc.).”

Capítulo 23

CURSOS E APRENDIZADO ON-LINE (E-LEARNING)

A Internet é um produto tecnológico oriundo do mundo acadêmico dos Estados Unidos. Como já o mencionamos, seu objetivo inicial visava simplesmente a comunicação e, em seguida, foi vislumbrado um grande potencial para a difusão de conhecimentos por todas as partes do mundo.

Desta forma e seguindo estas premissas iniciais, a rede mundial de computadores oferece um grande potencial para o e-learning, de qualquer tipo de matéria, ou seja, é um ótimo veículo para o ensino à distância.

O potencial da rede já está sendo parcialmente explorado no segmento educacional, com diversos tipos de "escolas" virtuais, que já atuam de maneira sistemática e eficiente. É um modelo de sucesso e que atrai, cada vez mais, um número maior de internautas, dispostos a pagar para receber informações ou fazer um curso à distância.

O potencial para este tipo de atividade, no entanto, ainda é muito pouco explorado, havendo muito espaço para novos entrantes em diversos segmentos educacionais.

23.1 - QUEM JÁ ATUA NO SEGMENTO DE ENSINO ON-LINE

Muito são os cursos oferecidos na Internet. Os assuntos são os mais diversos, atendendo as necessidades de centenas de nichos ou parcelas do mercado do ensino. De uma maneira geral, podemos citar os principais tipos de cursos mais freqüentes na rede e as instituições ou empresas que os administram:

23.1.1 - CURSOS MINISTRADOS POR ENTIDADES DE ENSINO TRADICIONAL

Universidades e faculdades no Brasil e em muitas partes do mundo, já disponibilizam na rede cursos regulares, inclusive com provas e testes de verificação de aprendizado. Esses cursos, geralmente, garantem aos alunos um certificado de participação. Os assuntos são os mais diversos, como administração, história, geografia, contabilidade, ensino técnico, etc.

23.1.2 - CURSOS MINISTRADOS POR EMPRESAS PRESTADORAS DE SERVIÇOS EDUCACIONAIS

São pequenas escolas que oferecem cursos bastante especializados e direcionados para profissionais de uma determinada profissão ou área de atuação. Em geral, esse tipo de curso on-line visa atender demandas específicas de profissionais ou "curiosos" que desejam aprender sobre um determinado assunto, sobre o qual não seja muito fácil encontrar maiores informações.

23.2 - CARACTERÍSTICAS DO APRENDIZADO ON-LINE

O ensino à distância através da Internet, está se mostrando uma atividade bastante promissora, pois é um serviço que atende às necessidades de milhões de pessoas em todo o mundo. As principais características desse tipo de ensino são:

- Não há necessidade, tanto por parte dos alunos quanto por parte dos professores, de deslocamentos físicos, para que as aulas possam ser ministradas;

- Os custos de realização e de participação nesse tipo de curso podem ser bastante reduzidos, fazendo com que a disseminação de informação e aprendizado seja bastante democrático;

- Não há um comprometimento maior de tempo por parte dos alunos virtuais. Esse tipo de curso costuma não consumir muito tempo de seus professores e alunos, que podem se "encontrar" para as aulas em qualquer local que estejam sejam em casa, no trabalho ou em qualquer outra localidade do mundo;

- As turmas ou "classes" virtuais não têm uma limitação física de número de alunos participantes, podendo estes cursos serem ministrados para 1 ou 1000 pessoas simultaneamente, sem maiores problemas para os professores.

23.3 - APLICAÇÕES PRÁTICAS DO E-LEARNING

O e-learning ou ensino através da Internet, está sendo cada vez mais utilizado por profissionais de todas as áreas, empresas e até mesmo por estudantes dos níveis médio e superior.

As aplicações e vantagens são muitas e as desvantagens, apesar de existirem, não desestimulam os alunos virtuais. A seguir, damos algumas das aplicações do e-learning em diversos segmentos do ensino:

- Treinamento em empresas (e-learning corporativo ou empresarial);
- Cursos livres de instituições de ensino universitário;
- Cursos de aperfeiçoamento para profissionais de diversas áreas;
- Cursos preparatórios para vestibulares;
- Palestras realizadas para profissionais de um determinado segmento do mercado;
- Complementação curricular dos cursos regulares de ensino fundamental e médio.

23.4 - FERRAMENTAS TECNOLÓGICAS NECESSÁRIAS PARA O ENSINO ON-LINE (E-LEARNING)

Qualquer empresa ou instituição de ensino que deseje operar através da Internet, ministrando aulas, palestra ou qualquer forma de ensino on-line, deverá contar com uma boa infra-estrutura tecnológica para dar suporte adequado a essa atividade. Desta forma, as ferramentas mais utilizadas são as que atendem, principalmente, às seguintes necessidades:

- Transmissão de imagens e áudio, com a melhor qualidade possível, por banda larga;
- Videoconferência;
- Chats, ou ferramentas para bate-papo;
- Criação de ambientes fechados para a realização das aulas, com acesso somente para participantes autorizados através de login e senha individual;

- Espaço em disco nos servidores, para transmissão e armazenamento de material.

Todos os sistemas necessários para o desenvolvimento de atividades de e-learning são, geralmente, mais complexos do que os necessários para outras atividades de e-business, como o e-commerce ou websites de conteúdo. Esta maior complexidade acaba elevando os custos de implantação. No entanto, dependendo do conteúdo educacional, da estrutura comercial e do plano de Marketing, esta pode ser uma atividade on-line bastante lucrativa.

23.5 - COMO SÃO MINISTRADOS OS CURSOS ON-LINE

Existem diversos formatos utilizados no mercado para o e-learning. São centenas de "escolas" virtuais que utilizam várias ferramentas tecnológicas diferentes, fazendo com que a apresentação e o formato das aulas virtuais sejam bastante diferenciadas. A seguir, veremos alguns dos formatos mais utilizados, sendo que muitas empresas ou instituições de ensino virtual utilizam mais de um formato de transmissão de suas aulas.

23.5.1 - TRANSMISSÃO DE AULAS PARA PEQUENOS GRUPOS

Quando o curso ou palestra for ministrado para poucos participantes, é possível a utilização do formato de videoconferência, o qual permite uma grande interatividade no grupo. O professor ou palestrante, diante de uma webcam, pode falar e utilizar outras mídias, como vídeos ou gravações de áudio. Os alunos recebem as imagens simultaneamente, em tempo real, e podem interagir com o professor e entre eles, desde que disponham de uma simples webcam. É um formato que traz muitos benefícios para o aprendizado, pois seu conteúdo pode ser enriquecido com a participação e as experiências dos alunos.

Em muitos casos, a escola virtual também disponibiliza uma ferramenta de chat para seus alunos que, após as aulas ou em determinados horários, podem interagir novamente com o professor e tirar dúvidas, continuando e reforçando o aprendizado on-line.

23.5.2 - TRANSMISSÃO DE AULAS PARA GRUPOS NUMEROSOS

Quando o número de alunos ou participantes de um grupo de e-learning é mais elevado, o formato de transmissão através de videoconferência, torna-se inviável. Nestes casos, há uma transmissão simples das aulas, simultaneamente para todos os alunos.

Com este tipo de transmissão não há nenhum grau de interatividade entre professor e alunos, fazendo do processo de ensino uma experiência totalmente passiva para os alunos, durante o período da aula virtual. Desta forma, as aulas não precisam e não costumam ser ministradas ao vivo. O que os alunos assistem são gravações previamente editadas, retransmitidas da mesma maneira para todas as turmas virtuais.

Como suporte para este formato, são criados horários para discussão no formato de bate-papo (chat). Os alunos são divididos em grupos menores que, em determinados horários, podem conversar on-line com o professor ou palestrante, tirando dúvidas e obtendo maiores esclarecimentos.

23.5.3 - AULAS VIRTUAIS GRAVADAS

Um formato de e-learning muito utilizado é o de aulas gravadas e disponibilizadas em tempo integral para os alunos. Neste formato, os alunos podem decidir a velocidade com que desejam receber as informações, ou seja, se o curso em questão for de 10 aulas virtuais, com 1 hora de duração cada, os alunos poderão optar por assisti-las uma por dia, ou todas em seguida. Com isso, o aprendizado fica inteiramente por conta do próprio aluno, que decide quando e com que rapidez deseja finalizar o curso virtual.

O mesmo acontece no caso de palestras on-line. Ao se inscrever para assistir uma determinada palestra, o aluno recebe uma senha específica para acessar a gravação da palestra.

A complementação do aprendizado on-line, neste formato, também acontece através da utilização de chats com professores e palestrantes, que tiram dúvidas e complementam, quando necessário, o conteúdo das aulas.

23.6 - E-LEARNING COMO UM PRODUTO DE "PRATELEIRA"

Como podemos ver nos exemplos acima, os cursos e palestras on-line, gravados, são uma versão bastante utilizada na rede para o ensino virtual. Por se tratar de uma gravação realizada previamente e que somente é disponibilizada aos alunos mediante pagamento, estes cursos ou palestras podem ser considerados com um produto virtual de "prateleira", ou seja, vendido imediatamente após a confirmação do pagamento e com entrega também imediata.

Este fato possibilita a uma empresa ou instituição de ensino, que atue no segmento de e-learning, criar um grande "estoque" de cursos e palestras virtuais, que podem ser comercializados como um produto virtual, semelhante a um download de músicas ou softwares. O acompanhamento ou reforço do conteúdo pode sempre ser feito através de bate-papo on-line, através de um contato com hora marcada com professores ou em tempo integral, com uma central de dúvidas.

23.7 - O MARKETING DO E-LEARNING

Qualquer formato de ensino on-line precisa ser devidamente divulgado, como qualquer outra atividade comercial realizada na Internet. O e-learning é uma prestação de serviços on-line que, como já vimos, também pode ter seus produtos de "prateleira" e que, desta forma, precisa ser divulgado da maneira mais eficiente possível.

Quando a atividade de e-learning é feita por uma instituição de ensino tradicional, como uma universidade, por exemplo, o próprio website da universidade e a comunidade de alunos e professores dos cursos regulares, já se tornam uma forte maneira de divulgação de cursos e palestras on-line. Os professores, aliás, são ótimos agentes formadores de opinião na comunidade estudantil e acadêmica em geral, podendo se tornar uma "ferramenta" inestimável na divulgação de cursos e palestras virtuais.

Outro fator que contribui bastante para a divulgação de atividades de e-learning, são os próprios palestrantes e professores que fazem parte do programa de ensino virtual. Nomes fortes, com reconhecimento no mercado acadêmico ou empresarial, podem representar um maior número de inscrições para cursos e palestras virtuais.

A publicidade de cursos on-line pode ser feita em mídia impressa especializada na área do evento virtual, em websites cujo público alvo possa ser o mesmo do curso on-line ou, ainda, com o auxílio de um serviço de assessoria de imprensa eficiente, que consiga inserir matérias sobre os cursos virtuais em veículos de projeção no segmento do evento de e-learning.

Capítulo 24

MARKETING DE RELACIONAMENTO E O SERVIÇO DE ATENDIMENTO AO CLIENTE (SAC)

O Marketing de relacionamento, como o próprio nome diz, refere-se ao relacionamento entre empresa, clientes ou usuários. É uma forma eficiente de criar uma conexão, um vínculo mais forte com o cliente e relaciona-se diretamente com um processo e com o sentimento de confiança, ou seja, o cliente precisa perceber a empresa como idônea e eficiente, uma empresa com a qual ele possa contar quando precisar.

24.1 - IDENTIFICAÇÃO DO PERFIL DO CLIENTE OU USUÁRIO

Não podemos, entretanto, realizar uma campanha ou mesmo implantar uma política de relacionamento sem entender e, principalmente, sem conhecer os clientes e usuários, sejam eles de uma loja virtual ou de um site de conteúdo jornalístico. A compreensão dos clientes é essencial para que possamos atingir os objetivos da proposta de relacionamento. Desta forma, precisamos obter informações precisas, que podem ser obtidas de muitas maneiras, ou seja, através de ferramentas de pesquisa que sejam confiáveis e que possam fornecer os dados vitais para a análise. De um modo geral, podemos dizer que, para obtermos uma boa compreensão do consumidor e de seu comportamento, algumas perguntas básicas precisam ser adequadamente respondidas, sendo necessário:

- Identificar quem são os clientes ou usuários;
- Avaliar o perfil dos clientes;

- Detectar necessidades;
- Identificar produtos ou serviços que atraiam o desejo de consumo desses clientes;
- Mensurar o grau de satisfação ou insatisfação que a empresa virtual proporciona aos seus clientes ou usuários;
- Quais fatores geram insatisfação;
- Quais fatores levam à satisfação das necessidades dos clientes;
- Como o cliente efetua o processo de decisão e de compra e quais os fatores que os influenciam;
- Por que compram na Internet e, especificamente, em uma determinada empresa virtual.

Uma ou mais pesquisas podem ser utilizadas para obtermos as respostas para as perguntas acima. Podemos utilizar pesquisa quantitativa ou qualitativa, tanto de maneira tradicional, com pesquisadores, entrevistas etc., quanto utilizando mecanismos virtuais.

As pesquisas virtuais são uma poderosa "arma" que a Internet proporciona aos empresários virtuais. É possível obter informações valiosas, utilizando-se as seguintes ferramentas on-line:

24.1.1 - PESQUISA VIA E-MAIL

Este formato é bastante eficiente quando enviamos um formulário para clientes ou usuários de um website que tenham se cadastrado espontaneamente ou que já sejam clientes. São pessoas que utilizam, com certa freqüência, o website e, normalmente, se predispõem a responder questionários com poucas perguntas, de preferência, de múltipla escolha.

24.1.2 - ENQUETE ELETRÔNICA

A ferramenta de enquete é uma das mais rápidas fontes de informação para websites. Consiste em colocar um box com uma pergunta e de 2 a 4 respostas, no sistema de múltipla escolha. A eficiência desta ferramenta pode ser vital para uma empresa virtual, principalmente quando é necessária uma resposta rápida a uma pergunta. Como a maioria dos internautas acaba clicando em uma das alternativas (a interatividade é um fator que atrai bastante o público) e verificando como está a "votação", é possível, em questão de minutos ou horas, obter a resposta a uma pergunta crucial, como "você está satisfeito com os serviços ou produtos que oferecemos?".

24.1.3 - CHAT

O chat é uma forma de "conversar" com um cliente ou usuário on-line, como se estivesse acontecendo uma conversa pessoalmente. Desta maneira, um entrevistador poderá "conversar" com vários clientes, tentando obter informações, como em uma pesquisa qualitativa feita pessoalmente.

24.1.4 - FORMULÁRIO PARA USUÁRIOS QUE ESTIVEREM COMPRANDO OU UTILIZANDO SERVIÇOS ON-LINE

Esta forma de obter informações sobre clientes é muito utilizada pois, no momento em que um cliente está para adquirir um produto ou utilizar algum tipo de serviço oferecido pelo website, o usuário, normalmente, não faz objeções a preencher um formulário respondendo perguntas sobre seu perfil e hábitos de consumo. A eficiência desse tipo de formulário é grande pois o usuário encara o fato de responder ao questionário como um "pagamento" pelo serviço que está recebendo gratuitamente ou mesmo um preço adicional pelo produto que esteja comprando.

24.2 - OBJETIVOS DO MARKETING DE RELACIONAMENTO

Depois de traçado o perfil do consumidor, seus hábitos e preferências, é possível estabelecer uma política mais eficiente de relacionamento com estes usuários. A criação da política ou de uma ação isolada de Marketing de relacionamento, baseia-se no que será oferecido ao cliente ou usuário nas seguintes fases do contato com a empresa:

- Pré-venda ou contato anterior à possível aquisição de um produto ou à utilização de um serviço, seja ele pago ou gratuito;

- Durante o processo de compra ou de utilização do serviço;

- Pós-venda ou contato posterior à aquisição de um produto ou à utilização de um serviço, seja ele pago ou gratuito.

Podemos dizer, de uma maneira geral, que a maioria dos internautas é composta de usuários que procuram em uma empresa que esteja na Internet, seja ela de e-commerce ou não, as seguintes características:

- Website com layout bonito, visualmente agradável;

- Conteúdo de qualidade e que supra suas necessidades;
- Navegação fácil, sendo simples o acesso a todo o conteúdo, seja ele de produtos ou de informações;
- Organização no conteúdo do website e no atendimento ao usuário;
- Qualidade no atendimento ao cliente e um Serviço de Atendimento ao Cliente (SAC) bastante eficiente;
- Ser surpreendido positivamente: este é um dos pontos principais para se conquistar e manter um cliente ou usuário de website.

Todas as operações comerciais realizadas através da Internet, independentemente do modelo de negócio ou do produto ou serviço oferecido, apresentam uma característica bastante diferente dos seus equivalentes no mundo real: a falta de contato pessoal.

Em alguns casos, a falta de contato direto, via telefone ou pessoalmente, pode até ser considerada uma vantagem competitiva mas, na maioria das vezes, é um fator que inibe negócios e que causa preocupação aos clientes que se interessam em realizar negócios pelo meio digital. Isto acontece, claramente, devido a um grau de desconfiança, que o cliente potencial pode apresentar em relação à empresa virtual ou mesmo às formas de pagamento disponíveis na rede.

É muito mais seguro, na opinião de muitos consumidores, comprar em empresas físicas, ser atendido pessoalmente por um vendedor, gerente ou mesmo um simples atendente, a ser "atendido" por telas de um website de e-commerce, por exemplo. Esta confiança gerada pelo atendimento pessoal é ainda maior quando o consumidor conhece as instalações da empresa, principalmente se forem grandes e passarem uma imagem de solidez e confiabilidade.

Entretanto, como todos sabem, muitas empresas tradicionais vão à falência todos os anos, causando prejuízos aos seus clientes. Quem não se recorda da construtora Encol, Banco Santos e muitas outras empresas que eram consideradas sólidas e idôneas por seus milhares de clientes. Os riscos de fazermos negócios via Internet, geralmente, são os mesmos que poderemos ter ao realizar qualquer operação comercial com empresas tradicionais.

Diante deste quadro de desconfiança de boa parte dos consumidores, as empresas virtuais devem adotar medidas eficientes de suporte ao usuário, disponibilizando canais tradicionais para o contato entre a empresa e seus clientes. Desta forma, um serviço de atendimento ao consumidor (SAC) deve ser implementado.

O SAC deve ser eficiente e prestar atendimento diferenciado aos clientes. Para atender de maneira correta e suprir a demanda de seus clientes, é preciso:

- Disponibilizar um Call Center (atendimento telefônico, que pode ser 24horas ou apenas em horários comercial) aos consumidores e usuários;
- Oferecer atendimento via e-mail eficiente, através do qual os clientes possam obter respostas satisfatórias, rapidamente. Sempre responder e-mails de clientes com rapidez, num prazo nunca superior a 24 horas;
- Fornecer informações detalhadas sobre os produtos ou serviços oferecidos;
- Atender, de maneira personalizada, cada cliente (ter disponível um histórico de compras, por exemplo);

Há, ainda, uma outra ferramenta bastante eficiente, mas que não se aplica a todos os tipos de empresas virtuais, por várias razões: as ferramentas de chat, ou seja, uma "janela" através da qual o internauta pode tirar dúvidas e se comunicar, em tempo real, com os atendentes da empresa virtual.

24.3 - FERRAMENTAS VIRTUAIS PARA O MARKETING DE RELACIONAMENTO

Por se tratar de um meio totalmente digital, a tecnologia é um fator primordial no atendimento ao cliente. Este fato é tão verdadeiro e importante, especialmente nas estratégias de relacionamento, que uma empresa de comércio eletrônico, por exemplo, pode e deve utilizá-la da melhor maneira possível, com eficiência, para gerar fidelidade por parte de seus clientes e usuários. São muitas as ferramentas tecnológicas eficientes que geram mais negócios e reforçam políticas de relacionamento. Dentre as ferramentas mais utilizadas, podemos citar as seguintes:

24.3.1 - INDIQUE ESTE SITE OU PRODUTO A UM AMIGO

O cliente que gostar da loja virtual ou de um produto específico, encontra uma opção de enviar a página do produto em questão ou mesmo a home page da loja para um amigo, via e-mail. Neste caso, além de enviar a página desejada, o cliente ainda pode redigir um pequeno texto, para "abrir" o e-mail a ser recebido pelo seu amigo. Os textos costumam ser algo como "Quando vi esta oferta, lembrei de você! Não é o que está procurando?" ou "veja como está barato!" (ou caro!!), etc.

O mesmo funciona em websites de conteúdo informativo: ao ler uma matéria interessante, um usuário utiliza ferramenta "indique esta matéria a um amigo", através da qual envia, por e-mail, um link para a matéria em questão, acompanhado de um comentário.

24.3.2 - OFERTAS VIA E-MAIL

Oferecer, via e-mail, produtos correlatos aos já adquiridos pelos clientes. Por exemplo: se um cliente comprou um livro sobre culinária, poderá receber um e-mail com ofertas de outros livros de culinária.

Se o website for de conteúdo informativo, os usuários poderão receber, periodicamente, e-mails com chamadas para matérias relacionadas aos interesses específicos de cada um. É uma forma muito eficiente de personalizar o contato com o cliente e usuário.

Capítulo 25

TECNOLOGIA - HARDWARE, SOFTWARE E TECNOLOGIA DA INFORMAÇÃO (T.I.)

Por se tratar de um meio totalmente ligado à tecnologia, informática, transmissão de dados, etc., qualquer atividade que faça uso da Internet precisa ter um suporte tecnológico adequado, para que todos os objetivos empresariais possam ser alcançados.

Já citamos, no decorrer desta obra, dezenas de aplicações específicas da tecnologia em empresas virtuais, sejam elas de e-commerce, prestação de serviços ou qualquer outra forma de negócio virtual. De uma maneira geral, os aspectos tecnológicos relacionados à todas as atividades na rede mundial, são os seguintes:

25.1 - SOFTWARE - PROGRAMAÇÃO DO WEBSITE

Qualquer loja virtual, site pessoal, institucional ou de qualquer outra natureza, depende de um software desenvolvido por um profissional da área de programação. O software utilizado é, na verdade, o próprio website. Nele estão definidas as características de navegação, utilidades e funcionalidade. Sem um software específico, nada existe na Internet.

A complexidade do software utilizado pode variar bastante, de acordo com o objetivo do website, dos produtos ou serviços que serão comercializados e até do investimento que será feito na empresa virtual. Softwares mais complexos são, certamente, mais caros, demandando um investimento maior.

O software utilizado por uma empresa virtual pode ser desenvolvido especialmente para ela, ou seja, um software "sob encomenda", que atenda a todas as necessidades específicas daquele empreendimento e que se torne, também, um diferencial competitivo. Este diferencial pode ser muito valioso, pois empresas que atuem nos mesmos segmentos dentro da rede, podem obter resultados melhores ou piores, dependendo do software utilizado em seus websites.

Além dos softwares feitos especialmente para determinadas empresas, podem ser utilizados sistemas comprados prontos, ou seja, softwares básicos, que possam ser utilizados por diversas empresas de várias áreas de atuação. Por esta razão, é muito fácil e barato comprar softwares, por exemplo, para lojas virtuais ou mesmo para sites de conteúdo (revistas eletrônicas). Por não serem feitos "sob medida", no entanto, estes softwares podem deixar a desejar e não atender as necessidades mínimas da empresa.

25.2 - SISTEMAS INTEGRADOS AO SOFTWARE DO WEBSITE

Além do software básico do website, uma empresa virtual ou qualquer outra que tenha um website, pode contar, se for necessário, com a utilização de sistemas integrados aos softwares de web. Vamos tomar como exemplo uma loja virtual. Além do software utilizado para as vendas on-line, ou seja, a loja virtual visualizada e utilizada pelos internautas, a empresa de e-commerce poderá contar com um sistema integrado que permita, por exemplo:

- Baixa automática do estoque de um produto vendido;

- Emissão de cupons ou notas fiscais;

- Pedido automático para a reposição de itens com pouca quantidade em estoque;

- Emissão automática de pedidos de compra;

- Integração on-line com sistemas de fornecedores, trabalhando com o estoque do próprio fornecedor;

- Suporte ao SAC (Serviço de Atendimento ao Cliente), com envio automático de e-mail para clientes que tenham solicitado informação sobre a disponibilidade de um determinado produto. Desta forma, quando o produto voltar a constar no estoque, o sistema integrado avisa a todos os clientes que se interessaram por aquele produto, que ele está novamente disponível e, ainda, já coloca no próprio e-mail um link para a página da loja na qual será possível efetuar diretamente a compra;

- Devolução de produtos para fornecedores, com emissão automática de nota fiscal;

- Controle de estoque de produtos consignados.

25.3 - WEB DESIGNING - LAYOUT DO WEBSITE

O web designer é um profissional que está intimamente ligado a todas as atividades na Internet, sendo responsável por um dos aspectos mais importantes dos negócios virtuais: o layout ou aparência das páginas de todos os websites, o que é, de certa forma, a "personalidade" que o internauta enxerga no website.

Um bom layout, que seja bonito e facilite a compreensão do internauta sobre as características do website, é um aspecto vital para que bons negócios sejam realizados e o empresário virtual obtenha o máximo possível com seu empreendimento.

Quando adquirimos um software "pronto" para um determinado website, seus desenvolvedores (programadores), normalmente, prevêem um pequeno grau de "personalização" do layout, criando uma aparência básica que pode ser ligeiramente mudada, com alteração de cores e a inserção de um logotipo e o nome da empresa que utilizará este software. Desta forma, é comum vermos, por exemplo, lojas virtuais idênticas, apenas com a diferença na cor de fundo das páginas, o logotipo, o nome e os produtos comercializados.

Podemos encontrar lojas "gêmeas" que atuem em segmentos diferentes ou no mesmo segmento, podendo ser concorrentes diretos que utilizam a mesma plataforma de software adquiridos de uma mesma empresa de programação. Neste caso específico, o software utilizado não poderá ser considerado uma vantagem competitiva, pois a concorrência terá disponível o mesmo sistema para a comercialização de seus produtos.

25.4 - SERVIDORES DE HOSPEDAGEM

Todos os websites precisam estar hospedados em uma máquina (servidor) que deve ficar ligado e conectado à rede mundial 24 horas por dia, 365 dias por ano, ininterruptamente. Essas máquinas nada mais são do que microcomputadores conectados à rede e que permitem que qualquer internauta, de qualquer parte do mundo, a qualquer hora, possa acessar o conteúdo do website. Se o servidor for desligado, o website, automaticamente, sairá do ar.

Devido a essa necessidade primordial de qualquer negócio on-line, uma empresa que trabalhe na rede precisa optar por ter um servidor próprio ou terceirizar este trabalho, "alugando" espaço em servidores de empresas especializadas neste serviço, conhecidas como empresas de hospedagem, data centers ou Web Hosters.

Existem vantagens e desvantagens em se manter um servidor próprio e na terceirização deste serviço. De uma maneira geral, podemos dizer que o investimento inicial para a manutenção de um servidor próprio é consideravelmente maior, sendo inviável para pequenas operações ou empresas que não tenham condições de montar uma estrutura física para esta finalidade. Os custos envolvidos para a manutenção de servidores próprios são:

- Aquisição de máquinas de última geração;
- Disponibilidade de conexão de alta velocidade (banda larga);
- Contratação de profissionais que possam monitorar o funcionamento dos servidores, 24 horas por dia, 7 dias por semana;
- Implantação de uma estrutura que proporcione energia elétrica ininterrupta, utilizando no-breaks e geradores de energia à gasolina;
- Máquinas "backup", que possam ser colocadas em uso imediatamente após uma eventual pane no servidor principal, fazendo com que o website não saia do ar nunca ou, na pior das hipóteses, que seja recolocado para funcionar em poucos instantes.

A implantação de servidores próprios na estrutura da empresa costuma ser feita, normalmente, por empresas virtuais que não podem depender de eventuais problemas que um data center terceirizado possa causar, ou seja, quando a manutenção do website no ar full time, seja estrategicamente vital para a própria existência do negócio. Os custos de um data center terceirizado, no entanto, são muito mais acessíveis, tornando possível que websites de qualquer área de atuação possam estar na rede de maneira satisfatória, sem maiores comprometimentos na qualidade do serviço prestado aos usuários. É a forma mais comum de hospedagem utilizada em todo o mundo.

25.5 - EQUIPAMENTOS E SISTEMA DE REDE DA EMPRESA VIRTUAL

Além de toda tecnologia de hardware e software envolvida nos sistemas diretamente ligados à Internet, toda empresa virtual ou que utilize a Internet como ferramenta de negócios precisa, contar com uma estrutura interna de hardware e software que possa atender a todas as necessidades do negócio virtual estabelecido. De maneira geral, podemos dizer que o hardware necessário a qualquer empresa virtual é o mesmo, variando apenas em quantidade, de acordo com o porte do negócio e o número de funcionários envolvidos. Consiste no seguinte:

- Microcomputadores, com alta capacidade de processamento, memória adequada à utilização da empresa, disco rígido, leitora e gravadora de CD e DVD;

- Impressoras de jato de tinta, laser e matricial, que serão adquiridas somente de acordo com as características do negócio. Temos, por exemplo, no caso de empresas virtuais que emitam uma grande quantidade de notas fiscais, a necessidade de uma impressora laser ou de uma matricial para esta tarefa;

- Scanner, copiadora e fax (multifuncionais são a melhor solução, na maioria dos casos);

- Instalação de rede interna, que pode ser com cabos ou wireless (por ondas de rádio).

“Qualquer atividade que faça uso da Internet precisa ter um suporte tecnológico adequado, para que todos os objetivos empresariais possam ser alcançados.”

Capítulo 26

DIREITO DO CONSUMIDOR NA INTERNET

Todas as lojas virtuais, como as do comercio convencional, precisam estar atentas às leis que regem o direito do consumidor. Isto é necessário para que os clientes sejam atendidos de maneira correta e, também, para que a empresa não tenha problemas legais, que implicam em custos com advogados, ações e, ainda, não tenham sua imagem abalada no mercado.

No caso específico de vendas virtuais, existem aspectos diferenciados das leis do consumidor que se aplicam a este tipo de atividade. Relacionaremos, a seguir, alguns dos casos que envolvem o direito do consumidor e que podem causar problemas aos lojistas virtuais:

26.1 - CLIENTE NÃO RECONHECE UMA COMPRA FEITA PELO CARTÃO DE CRÉDITO

Em alguns casos, clientes que efetuam compras em lojas virtuais, ao receberem suas faturas do cartão, informam à administradora que não efetuaram a compra relacionada. Desta forma, o valor cobrado do cliente é estornado na fatura e a loja que, realmente, efetuou a venda, deixa de receber o valor devido.

Nestes casos, as administradoras de cartões de crédito não se responsabilizam pelo estorno e ao lojista cabe mover uma ação contra o comprador, por ter agido de "má fé". Esta ação deverá pleitear a cobrança do valor devido, todas as custas processuais, honorários advocatícios e, possivelmente, uma indenização;

26.2 - CLIENTE RECEBE PRODUTO EM MÁ CONDIÇÃO OU QUEBRADO

Este, provavelmente, é o maior problema que um lojista virtual pode enfrentar, pois implica em prejuízos e, ainda, podemos dizer que é um dos maiores motivos causadores de disputas judiciais entre empresas virtuais e seus clientes. Na grande maioria dos casos, as lojas virtuais realizam as entregas dos produtos vendidos através dos serviços dos correios (sedex, encomenda normal, etc.) e de transportadoras aéreas ou terrestres. Desta forma, como a recepção da mercadoria não acontece "na frente" do lojista, o cliente pode alegar que recebeu um produto quebrado pelo transporte ou mesmo uma mercadoria que tenha saído danificada da própria empresa virtual, sem que tivesse sido feita uma inspeção prévia pela expedição.

Quando o cliente verifica uma violação de embalagem, mercadoria quebrada, falta de algum componente ou acessório do produto, o procedimento mais correto seria entrar em contato com a empresa da qual adquiriu o produto, solicitando uma troca, pois este é um direito que lhe cabe, segundo o código do consumidor. Nestes casos, as empresas virtuais podem solicitar que o cliente envie o produto danificado de volta para, depois, enviar um novo.

O grande problema que este tipo de ocorrência gera é uma desconfiança por parte do lojista de que o cliente possa ter "quebrado" o produto após o seu recebimento e, para não ter prejuízo com seu próprio descuido, alega que a falha possa ter sido da transportadora ou da própria loja virtual. Em alguns casos, o cliente faz a alegação muitos dias depois de receber o produto, o que pode ressaltar a tese de que ele próprio possa ter danificado a mercadoria.

O que o lojista virtual deve fazer nestes casos é, em primeiro lugar, estar atento à legislação do consumidor e nunca desrespeitá-la, por exemplo, se negando a trocar uma mercadoria que o cliente tenha recebido pelo correio e que, logo que a tenha recebido, tenha entrado em contato com a empresa "reclamando" uma troca ou devolução do valor pago. Quando o cliente, entretanto, demorar a entrar em contato e o prazo legal para troca estiver expirado, o lojista deve avaliar se, como uma política de bom atendimento e fidelização de cliente, deverá trocar a mercadoria.

O ponto principal para o lojista, quando houver uma ocorrência de solicitação de troca por dano, é tentar atender o cliente da melhor maneira possível mas, ao mesmo tempo, tentar reduzir possíveis prejuízos. Desta forma, quando um produto tiver sido despachado por uma transportadora e a taxa de seguro tenha sido paga, a empresa poderá "obrigar" a empresa de transportes ou mesmo os correios a pagar uma indenização sobre o valor declarado da mercadoria, reduzindo o prejuízo com o dano causado. Ainda, se for constatado que o produto esteja danificado, mas que o dano é um problema "de fábrica", a loja virtual poderá pleitear junto ao seu fornecedor a troca da mercadoria.

Apesar de ser um problema passível de solução, caso o cliente e a loja entrem rapidamente em acordo, muitas vezes acontece divergência que fazem com que um cliente mais "nervoso" ou apressado, antes de tentar resolver com a empresa, mova uma ação contra a loja virtual, aumentando ainda mais os possíveis prejuízos que um simples dano no transporte tenha causado.

26.3 - PRODUTO NÃO CORRESPONDE À DESCRIÇÃO NA LOJA VIRTUAL

Esta é uma situação que pode ocorrer com facilidade, caso a loja virtual ou qualquer empresa que comercialize produtos na Internet não tome bastante cuidado com as descrições e imagens dos produtos que são disponibilizadas aos usuários e clientes. Mesmo quando produtos são cuidadosamente descritos, ainda assim, podemos constatar divergências entre o que o cliente vê e o que recebe.

O problema ocorre da seguinte maneira: o cliente alega que a descrição disponível na loja virtual não corresponde à realidade do produto e que adquiriu uma mercadoria, pensando que fosse de determinada maneira e quando a recebeu, não ficou satisfeito. Muitas vezes, podemos dizer que se trata apenas de uma interpretação equivocada mas, mesmo assim, a empresa virtual poderá ter problemas legais. Isso ocorre quando, ao se sentir "lesado", o cliente dá início a uma ação na justiça alegando "má fé" da empresa virtual, por realizar um tipo de propaganda enganosa. Nestes casos, o cliente costuma pleitear a devolução do valor pago e uma indenização por todo o possível transtorno causado com compra.

26.4 - O CLIENTE PAGOU POR UMA MERCADORIA E NÃO A RECEBEU

Em alguns casos, clientes de lojas virtuais pagam por suas compras, mas acabam não recebendo. Este problema pode acontecer por vários motivos, dentre os quais os seguintes:

- O pagamento foi feito através de um depósito não identificado: o lojista não sabe de quem é um determinado pagamento e não pode prosseguir com o envio;
- Falha no sistema interno da empresa virtual (software de controle de pedidos) : o pedido acabou não sendo processado, mesmo com o pagamento confirmado;

- Falha humana : a linha de processamento do pedido foi interrompida por um funcionário que tenha cometido um engano;

- Extravio da mercadoria : o produto vendido é remetido pelo correio ou transportadora e acaba sendo extraviado, por erro da empresa contratada para realizar o envio.

Quando o prazo máximo para a entrega da mercadoria acaba, os clientes virtuais costumam ficar muito preocupados e, às vezes, nervosos, pois passam a acreditar terem sido vítimas de algum tipo de "golpe", ou que a empresa da qual tenham adquirido o produto seja simplesmente displicente com seus clientes.

Quando a loja disponibiliza o pagamento por depósito bancário, muitas vezes, o cliente realiza o pagamento e não identifica o depósito. Desta forma, o lojista não fica sabendo qual cliente efetuou um determinado depósito que consta em seu extrato bancário e, em conseqüência, não pode dar prosseguimento ao envio do produto vendido.

Não recebendo o produto adquirido, muitos clientes procuram entrar em contato com a loja para saber qual problema possa ter ocorrido e, desta forma, ajudam o lojista a identificar o seu pagamento, mediante a confirmação da data do depósito ou do envio de um fax do comprovante bancário. Entretanto, em alguns casos, clientes não entram em contato com a loja e decidem, simplesmente, ingressar com uma ação na justiça contra a empresa virtual que, somente nesta ocasião, tomará conhecimento que o cliente em questão foi o autor de um depósito ainda não identificado. A melhor forma de evitar problemas como este é fornecer aos clientes, que optem por pagamento via depósito bancário, um número de conta corrente que só aceite depósitos identificados. Este é um serviço que a maioria dos bancos pode oferecer.

26.5 - PRAZO DE ENTREGA ESTIPULADO PELA LOJA NÃO É CUMPRIDO

Todas as lojas virtuais devem informar ao cliente qual o prazo de entrega da mercadoria vendida pois, antes de adquirir um produto, o cliente sempre atenta para esta importante informação. Isso ocorre porque, de uma maneira geral, uma das maiores frustrações de quem compra pela internet é o fato de não poder ter o produto imediatamente em suas mãos, sendo necessário aguardar todo o período de processamento e envio da mercadoria.

Com o prazo de entrega claramente estipulado pela empresa virtual, o cliente aguarda durante o tempo necessário e, caso o produto não chegue no prazo máximo, certamente ficará descontente e pensará em tomar alguma medida, por estar se sentindo "lesado".

Nestes casos, normalmente, o cliente entra em contato com a empresa, procurando informações sobre o que possa ter ocorrido com sua compra, podendo ser compreensivo, de acordo com a explicação que tenha recebido do SAC da empresa. Entretanto, por estar quebrando a promessa do prazo de entrega, o cliente já tem um motivo legal para ingressar com uma ação contra empresa, alegando que a demora possa ter causado algum transtorno ou prejuízo e que, de qualquer maneira, tenha se sentido enganado por uma falsa promessa de prazo de entrega.

Este tipo de problema pode ser prevenido pelas lojas virtuais, simplesmente com a determinação de um prazo máximo maior do que a possibilidade real de qualquer atraso. O prazo de entrega deve ser claro e figurar em uma página do website, que contenha toda a política comercial da empresa e, ainda, ser claramente informado durante o processo de compra virtual.

26.6 - VIOLAÇÃO DA POLÍTICA COMERCIAL, DE PRIVACIDADE E DE SEGURANÇA

Todos os websites comerciais, sejam eles de e-commerce ou de qualquer forma de e-business, devem contar com uma página que especifique, de maneira bastante clara, a política comercial e a política de privacidade. Estas são as premissas básicas de operação da empresa virtual, que devem ser informadas aos usuários, para que estes possam realizar qualquer tipo de transação comercial, com segurança e regras claras. Estas regras são de tamanha importância que, normalmente, são redigidas pelos departamentos jurídicos das empresas.

De um modo geral, quando um cliente se sente lesado por uma determinada atitude que a empresa virtual possa ter tomado, mesmo que a referida atitude não seja propriamente ilegal, há a possibilidade de que o usuário decida recorrer à Justiça, pleiteando algum tipo de ressarcimento.

Para evitar ou minimizar transtornos, é necessário que, dentro das políticas de privacidade e comercial, estejam resguardados os direitos da empresa, tornando possível a defesa frente a alegações de não cumprimento de promessas comerciais. O conteúdo básico dessas políticas é o seguinte:

26.6.1 - POLÍTICA COMERCIAL

Deve estar claro em um texto, todos os aspectos que possam envolver as transações comerciais realizadas pela empresa, devendo abranger, basicamente:

- Formas de pagamento aceitas pela empresa;
- Como devem ser efetuados os pagamentos;

- Como deve ser feito o processo de compra;
- Prazo de entrega de mercadorias ou para a prestação de serviços;
- Postura da empresa para trocas e devoluções;
- Política para venda de produtos que não estejam mais disponíveis;
- Venda de produtos em promoção;
- Possíveis divergências nas descrições dos produtos ou serviços;
- Situações passíveis de devolução de valores pagos pelos clientes;

26.6.2 - POLÍTICA DE PRIVACIDADE E DE SEGURANÇA

A política de segurança deve figurar em uma página do website que possa ser facilmente encontrada e visualizada pelos usuários. No seu texto, deve constar, de maneira clara e explícita, todos os aspectos ligados aos procedimentos de compra e de relacionamento com o cliente, que possam vir ser violados, de alguma forma, trazendo possíveis transtornos para e empresa.

É uma forma de a empresa virtual deixar claro que, qualquer que seja a transação efetuada, a segurança e privacidade de seus clientes e usuários estará garantida. É claro que o não cumprimento das premissas estipuladas abrirá a possibilidade de ações judiciais. De uma maneira geral, a política de segurança e privacidade deverá garantir aos clientes e usuários o seguinte:

• O website deve ser considerado seguro, não havendo a possibilidade de informações pessoais ou de crédito dos clientes ou usuários serem mal utilizadas ou mesmo "roubadas" por hackers (site seguro);

- O cadastro de clientes, seus endereços físicos e e-mails só serão utilizados pela empresa virtual para envio de cartas ou e-mails comerciais, somente com o consentimento expresso dos próprios clientes;
- Como é feita a comunicação via e-mail, quais os formatos utilizados, a freqüência dos envios e como distinguir de possíveis e-mails falsos;
- Os dados cadastrais de clientes e usuários serão mantidos em sigilo absoluto, não sendo revelados a ninguém ou a nenhuma empresa que não esteja diretamente relacionada com o processo de venda ou de prestação de serviço realizada pela empresa virtual;

- Se o cadastro de clientes vier a ser utilizado por terceiros, antes disso, a empresa se obriga a pedir consentimento expresso de seus clientes ou usuários;

- A segurança tecnológica do website deve ser garantida, também, por uma empresa especializada e de renome no mercado;

- Se a empresa virtual utilizar o sistema de cookies para personalizar a navegação ou obter alguma informação de seus usuários, este procedimento deve ser claramente descrito;

- Todo o conteúdo dos contatos via e-mail ou telefônicos, entre a empresa virtual e seus usuários ou clientes, será mantido em total sigilo. Em caso de gravação de contatos telefônicos, os clientes deverão ser previamente informados.

Todos os aspectos legais relativos às atividades na Internet estão ligados, principalmente, ao Código de Defesa do Consumidor (CDC), que protege consumidores tanto em transações realizadas com empresas tradicionais, quanto com empresas do mundo virtual. Já existe alguma jurisprudência específica mas, no Brasil, não podemos dizer que exista uma legislação abrangente sobre as atividades exercidas na rede mundial. Desta forma, os consumidores, empresas virtuais e autoridades, procuram se resguardar utilizando leis que possam, de alguma forma, se enquadrar às atividades virtuais.

Bibliografia

E-Business & e-Commerce para Administradores
H.M. Deitel, P.J. Deitel, K. Steinbuhler
Makron Books - Pearson Education do Brasil, Brasil, 2004

Nos Bastidores da Disney
Tom Connellan - Walt Disney Company
Editora Futura, Brasil, 2001

CRM Customer Relationship Management - 3ª Edição
Ronald Swift
Editora Campus, Brasil, 2001

Vantagem Competitiva
Michael E. Porter
Editora Campus, Brasil, 18ª edição

A estratégia e o cenário dos negócios - textos e casos
Pankaj Ghemawat
Brasil: Bookman, 2000

Administração de Marketing: 12ª Edição
Philip Kotler
Brasil: Prentice Hall, 2005

Princípios de Marketing Global
Warren J. Keegan e Mark C. Green
Brasil: Editora Saraiva, 2000

Pesquisa de Marketing - conceitos e metodologia - 4ª Edição
Beatriz Santos Sâmara
Brasil: Pearson Education, 2007

IMPRESSÃO E ACABAMENTO:
YANGRAF Fone/Fax: 6195.77.22
e-mail:yangraf.comercial@terra.com.br